Kämpferisch, erotisch, blumig-opulent – wohl kaum jemals zuvor hat eine Frau in Zentralamerika so selbstbewußt zu ihren Gedanken, Wünschen und Phantasien gestanden und sie so voller Sinnlichkeit und sprachlicher Kraft niedergeschrieben wie Gioconda Belli, die große Autorin Nicaraguas. Ihre wichtigsten politischen Gedichte aus dem Befreiungskampf gegen die Somoza-Diktatur sowie die Liebesgedichte, die sie bekannt gemacht haben, sind im vorliegenden Band versammelt. Größtenteils während oder kurz nach der nicaraguanischen Revolution sowie im Exil entstanden, kommt in ihnen nicht nur Bellis stetige Suche nach sozialer Gerechtigkeit und Freiheit zum Ausdruck, sondern auch ihre Sehnsucht nach Liebe – als Frau, Liebende oder Mutter. Und auch in die Geschichte Lateinamerikas und Nicaraguas entführt sie den Leser, wenn sie die tiefe Liebe zu ihrer Heimat in Verse faßt.

Gioconda Belli, in Managua geboren, studierte in Spanien und den USA. Ab 1970 beteiligte sie sich am Widerstand der Sandinistischen Befreiungsfront FSLN gegen die Somoza-Diktatur in ihrer Heimat Nicaragua und mußte 1975 deshalb ins Exil gehen. Nach der Revolution lebte sie bis 1990 in Managua und arbeitete dort vor allem im Bereich der politischen Bildung. Heute wohnt sie in Los Angeles/USA. Weitere, auf deutsch erschienene Lyrikbände: ›In der Farbe des Morgens‹ (1992), ›Zauber gegen die Kälte‹ (1992), ›Feuerwerk in meinem Hafen‹ (1997).

Gioconda Belli

Wenn du mich lieben willst

Gesammelte Gedichte

Deutsch von
Dieter Masuhr, Dagmar Ploetz,
Anneliese Schwarzer und Erna Pfeiffer

Deutscher Taschenbuch Verlag

Ungekürzte Ausgabe
Januar 2000
Deutscher Taschenbuch Verlag GmbH & Co. KG,
München
© Gioconda Belli
© 1993 der deutschsprachigen Ausgabe:
Peter Hammer Verlag GmbH, Wuppertal
Umschlagkonzept: Balk & Brumshagen
Umschlagbild: ›Nevermore‹ (1897) von Paul Gauguin
Gesetzt aus der Garamond 10/12˙
Gesamtherstellung: C. H. Beck'sche Buchdruckerei,
Nördlingen
Gedruckt auf säurefreiem, chlorfrei gebleichtem Papier
Printed in Germany · ISBN 3-423-12722-8

I
Quetzalcóatls Traum

I

Die Sprache meiner Ahnen hörte ich
im Traum.
Sah ihre Gestalten in verschwommenen Behausungen,
die ich nur nennen kann in fremder Sprache derer,
die jene für immer ins Reich der Schatten verbannten.
Ihre Worte verstehe ich nicht,
doch in meinen Träumen wachsen sie wie Palmen,
glänzen wie die Federn des Quetzal.
Wie mögen sie gewesen sein,
die Märkte in Tenochtitlan,
die Rufe der Verkäufer von Papageienfederschmuck,
die Stimme der Frau, die Yucca feilbot oder Maniok,
die dunkle Stimme des Batatenhändlers?
Mit welchen Worten, die nach Fluß und starkem Regen
    klangen,
mögen ihre Liebe sich gestanden haben
der Held des Ballspiels
und das zarte Mädchen mit den Körben aus Palmstroh?
Die Worte der Völker sind wie ihre Berge, ihre Seen,
sie gleichen ihren Bäumen und ihren Tieren.
Wie war sie wohl, die Sprache, die von Ceibobäumen sprach
und von Jaguaren,
vom weiß leuchtenden Mond des Äquators,
von hoch hinaufragenden Vulkanen?
Ich hörte die Sprache meiner Ahnen.
Im Traum.
In verschwommenen Behausungen, die ich nur
    beschreiben kann
mit der Sprache der Beraubung.

II

Sie haben uns beraubt.
Wir lernten ihre Sprache und schufen sie neu.
Machten sie uns zueigen.
Wir erfanden sie neu, wie wir neu schufen die Mythen,
so, wie wir unsere Götter versteckten
unter den purpurnen Roben ihrer Heiligen.
Wir brachten den Tropenregen ein und
    das süße Heulen der Kena,
die Höhe der Anden und den undurchdringlichen
    Dschungel des Amazonas.
Wir änderten unsere Namen, um zu überleben.
Doch wir benannten die Welt auf unsere Art
mit Handschriften und Codices, die sie bis heute
nicht entziffern können.
Wir wechselten die Haut.
Schmierten mit Kakao ihre Gene, damit geboren würde
die helle und die verbrannte Schokolade,
Männer und Frauen aus Schokolade, die von neuem
    bevölkerten
den Kontinent des Donners und der Verwüstung.
Wir bauten unsere herrlichen Städte wieder auf,
Mexiko, Buenos Aires, Lima, Rio,
und bewahrten tief am Grunde unserer Krüge
die Weisheit unseres unterjochten Gedächtnisses.

III

Wir haben nicht gesiegt.
Waren harmlos und bewohnten die Erde
wie Gäste, nicht wie Herren,
wir sprachen zur Erde mit Ehrfurcht,
nicht wie jene, die sie als ihr Eigentum sahen.
Der Tod machte uns traurig, doch wir ließen ihn walten,
und wir opferten das Leben der Sonne,
nicht dem Gold, wie jene.
Die Erde war unsere Komplizin,
und wir halfen ihr mit Opfern,
zu besänftigen das Toben der Elemente.
Sie liebten die Erde nicht,
plünderten sie, als gehörte sie ihnen,
wie sie auch uns ausraubten,
als ob wir ihnen gehörten.
Sie zwangen uns, ihre Worte zu gebrauchen,
uns mit ihrer Kleidung zu kleiden.
Sie zwangen uns, den Gott anzubeten,
den sie selbst gekreuzigt hatten.
Sogar von der Schuld nahmen sie uns nicht aus,
die sie seines Todes wegen fühlten,
sagten, er sei gestorben auch für uns
und wir müßten mit unserem Leben zahlen
für die Sünde, ihn nicht zu kennen.

IV

Ich hörte die Sprache meiner Ahnen.
Im Traum.
Im Traum habe ich gehört ihre Schreie.
Das Knirschen ihrer Genitalien,
den Schmerz der Geburten von Mestizen,
der Kinder der Vergewaltigten.
Wir konnten die Kinder nicht mehr rufen,
wie es unsere Sitte war,
mit Namen von Blumen, von Kakteen und Bäumen
oder den Zeichen der Sterne,
mit ihren Worten wurden sie benannt,
und wir mußten lernen, die Zeit mit ihrem Maß zu messen
und die Tage nach ihren seltsamen Namen zu nennen.

V

Wer sind wir?
Wer sind diese Männer, diese Frauen ohne Sprache,
verspottet aufgrund ihrer Farbe,
ihrer Haut, ihrer Federn und ihres Schmuckes wegen?
Damit wir nur ihre Schriften lasen,
verbrannten sie die unseren auf hohen Scheiterhaufen.
Unsere Geschichte, unsere Dichtung,
die Annalen unserer Völker,
sie füllten mit Rauch uns die Höhlen der Augen,
sie füllten mit Tränen unsere Eingeweide.
Es brannten die Amátes, sorgsam von Schreibern bemalt.
Es brannten die Geschichten, die uns zu dem gemacht,
was wir waren.
Wie heulten die Alten auf den Plätzen,
als sie brennen sahen die Namen ihrer Väter im Feuer.
Oh lange Nacht, Noche Triste der Asche.
Nacht, in der wir unsere Hände verloren,
unsere Sprache und unser Gedächtnis
verwandelt in Sklaven, nachtwandelnde Schatten.

VI

Die Erde hat uns gerettet, das Blut und
   die Farbe der Früchte,
der Dunst des Windes in den Schluchten von Machu Picchu.
Alles hatten sie an sich gerissen,
doch die Erde sang weiter für uns,
die Fälle von Iguazú, der Titicacasee, der Orinoko,
die Pampa, Atitlán, Momotombo, Tikál, Copán,
die Erde erkannte die Berührung unserer Hände.
Die Erde waren wir. Die Vulkane sprachen zu uns,
die Flüsse wuschen unsere Tränen, uns verbarg der Wald.
Ihnen setzte das Heimweh zu. Das Gold
forderte seinen Preis.
Sie töteten sich gegenseitig. Versenkten ihre Schiffe.
Ihren Kindern waren sie Unbekannte.
In den Leibern unserer Frauen starben sie langsam aus.
Ihre Gene kochten im Kakao, und sie
erkannten sich nicht wieder in ihren Abkömmlingen,
in den braunhäutigen Kindern mit schlaff hängendem Haar.
Ich hörte die Sprache meiner Ahnen.
Im Traum.
Im Traum hörte ich ihr Lachen.

VII

Seine Körner verlor nicht der Mais.
Er wurde zu amerikanischem Fleisch und Blut.
Die Mischung der Kontinente.
Das Fließen der Farben des Schmerzes,
des Schwarzen, des Mulatten, des glänzenden Kupfers,
   des Weißen,
Kasserolle der India mit Zöpfen, die die Mischung bereitet
mit ihrem Mahlstein und sie rührt und erhitzt,
bis dreimal sie aufkocht, geduldig die Geduld,
   der Widerstand,
Jahrhunderte des Schweigens, des Wartens,
die Zeit wie flüssige Substanz in Spiralen,
die aufsteigt von Patagoniens ödem Land,
die Anden überquert, die Kordilleren,
die feuchten Tropen und das Grasland der Büffelherden.
Der Mensch der Großstadt zerstört seine Welt,
stöhnt unter den eigenen Erfindungen.
Die Armen haben nichts als die Hoffnung,
das Wasser anderer Zeiten, bewahrt in Krügen aus Ton,
die Erinnerung an die Schreie im Blut.
Die Plünderung, der Hunger, sie graben Tunnel
unter die fremden Idole.
Amerikas Augen erwarten die Rückkehr des Quetzalcóatl,
der gefiederten Schlange.
Ich hörte die Sprache meiner Ahnen.
Im Traum.
Zuletzt auch schon
im Wachen.

II
Wenigstens Blumen,
wenigstens Lieder

Wenigstens Blumen, wenigstens Lieder

Von uns bleibt mehr
als Worte oder Gesten:
der glühende Wunsch nach Freiheit,
ansteckende Sucht.

Was bist du, Nicaragua?

Was sonst,
wenn nicht ein kleines Stück Land wie ein Dreieck,
in der Mitte der Welt verloren?

Was sonst, wenn nicht der Flug der Vögel,
der Guardabarrancos,
Zenzontles,
Kolibris?

Was sonst, wenn nicht ein Flüsserauschen,
das blankgeschliffene, glitzernde Kiesel mit sich trägt,
Wasserspuren in den Bergen?

Was sonst,
wenn nicht Brüste, aus Erde gewölbt,
glatt, spitz, bedrohlich?

Was sonst,
wenn nicht das Singen der Blätter in gewaltigen Bäumen,
grün, mit flatternden Tauben?

Was sonst,
wenn nicht Schmerzen und Staub und Schreie
    am Ende des Tages,
»Schreie von Frauen, wie bei der Geburt«?

Was sonst,
wenn nicht geballte Faust und die Kugel im Lauf?

Wer bist du, Nicaragua,
mich so zu quälen?

Streik

Ich wünsche mir einen Streik, den alle unterstützen,
einen Streik mit Armen, Beinen und Haaren,
in jedem Körper entsteht dieser Streik.

Ich wünsche mir einen Streik
der Arbeiter   Tauben
Schofföre   Blumen
Techniker   Kinder
Ärzte   Frauen.

Ich will einen großen Streik,
bis an die Liebe soll er heranreichen,
einen Streik, bei dem alles stehn bleibt,
die Uhr   die Fabriken
die Schule   die Universität
der Bus   die Krankenhäuser
die Straße   die Häfen
einen Streik der Augen, Hände und Küsse,
einen Streik, der den Atem anhält,
einen Streik, bei dem es so still wird,
        das wir des fliehenden Tyrannen
        Schritte hören.

Bis daß wir frei sind

Flüsse überfluten mich,
Berge durchbohren meinen Leib,
und dieses Landes Gestalt
formt sich in mir
zu Seen, Tälern, Schluchten,
Land für die Aussaat der Liebe,
die bricht mich auf wie eine Furche,
und erfüllt mich mit Lebenslust,
um es frei, schön zu erblicken,
voller Lachen.

Ich will explodieren vor Liebe,
und daß meine Kugeln Schluß machen mit den
    Unterdrückern,
mit Stimmen singen, daß meine Poren aufplatzen,
daß mein Gesang anstecke,
damit wir krank vor Liebe werden,
vor Hunger nach Gerechtigkeit,
daß alle wir uns ein Herz fassen
ohne Angst vor Schwäche,
denn ein Herz so groß wie unseres
widersteht den grausamsten Foltern,
nichts besänftigt seine verheerende Liebe,
und von Herzschlag zu Herzschlag
wird sie stärker und stärker,
betäubt den Feind,
und er hört sie aus allen Wänden quellen,
und er sieht sie in allen Blicken glänzen,
und er fühlt sie herannahen
wie eine ungeheure Flutwelle
jeden Morgen, den das Volk sich erhebt

zur Arbeit auf Feldern, die ihm nicht gehören,
in jedem Aufschrei der Eltern beim Tod ihrer Söhne,
in jeder Hand, die sich im Leid mit andern verklammert.

Denn die Kraft dieser Liebe
wird alles mitreißen
und nichts zurücklassen,
bis unseres Volkes Klagen nicht mehr ersticken,
und Jubelrufe vom Sieg
in die Berge einfallen,
in die Flüsse tauchen,
die Zweige der Bäume schütteln.

Laßt uns also
unsre Toten erwecken,
mit dem Leben, das sie uns vermacht haben,
und alle gemeinsam singen,
während Vogelkonzerte
unsere Botschaft wiederholen
in allen
Weiten
von Amerika.

Das weiß die Zeit

>»Wer nicht weiß, daß heutzutage
>Schmerz ebenfalls ein verbreiteter Name ist ...«
>Mario Benedetti

Das weiß die Zeit, in der ich den blauen Himmel nicht sah
mit seinen dicken Wolken aus roher Baumwolle:
die Schmerzen des Exils
lassen aus meinem Fleisch Zypressen wachsen.

Schmerz ist die Erinnerung an die feuchte Erde,
das tägliche Zeitunglesen mit immer wieder
neuen Grausamkeiten, mit dem Tod
und der Gefangennahme von Freunden,
mit dem Verschwinden der Bauern,
wie vom Wald verschluckt.

Schmerz ist, durch Straßen zu gehen
mit Namen anderer Tage, anderer Schlachten,
    anderer Helden,
nichts davon gehört zu meiner Geschichte.
Schmerz ist, unter Unbekannten zu gehen,
mit denen ich kein Gedicht teilen kann,
nicht über die Familie reden,
nicht einmal auf die Regierung schimpfen.

Schmerz ist das Ankommen an der Grenze,
der See von weitem im Blick,
das Straßenschild: Grenze von Nicaragua,
und doch zu wissen, daß man nicht hinüber kann,
höchstens sich hochrecken
nach dem Duft der Blumen und Felder und Rodungen.

Schmerz,
doch er wächst an den Liedern,
denn Schmerz ist fruchtbar wie Freude,
rieselt, bewässert von innen,
lehrt unerwartete Dinge,
lehrt Zorn,
und blüht schon auf so vielen Gesichtern,
daß unter Schmerzen
wir unfehlbar gebären
einen Morgen auf diese lange Nacht.

Sie verfolgten mich

mit ihren Blicken schlecht bezahlter Hunde,
verfolgten mich
von Morgengrauen zu Morgengrauen,
bespitzelten mich,
drückten sich auf der Straße vor dem Haus herum,
stellten ihre Autos an der Ecke ab
und gingen mir nach durch die ganze Stadt,
über alle Straßen, Kreuzungen, Ampeln.
Sie verfolgten mich
mit ihrem Verdruß, mit ihren
von Verbrechen und Folter gezeichneten Gesichtern.
Sie belauerten mich,
meiner Angst sicher,
lauerten darauf, daß mir der Schlaf verginge,
daß meine Überzeugungen,
daß ich den Kampf und meine Brüder verriete.
Mit jedem Morgen fühlte ich
ein jedes Mal wütenderen Haß
und erfand mir Gedärme,
ihn unterzubringen,
einen Haß, der nach Kugeln, Pistolen, Maschinengewehren
    verlangte,
einen Haß, dessen ich mich niemals fähig geglaubt,
der mich sie hätte umbringen lassen,
kaltblütig.
Und verfolgten mich,
hörten mein Telefon ab,
überwachten meine Arbeit,
schickten mir Drohbriefe,
und ich, die ich mich nie für besonders mutig hielt,
spürte jedesmal mehr Mut,

mehr Kraft
weiter zu kämpfen,
wie ich weiter gekämpft habe,
zum Teufel sollen sie sich scheren!

Oh, Nicaragua,

du bist mein Mann
mit dem Mädchennamen!

Ich mag dich.
Wie du dich mit Wald,
mit Tal und Berg ausdehnst, mag ich dich.
Ich mag deine Hitze, und wie die Sonne
    auf deinen Wegen steht,
ich mag deine riesige, grüne, haarige Brust,
darin hör ich Vulkane und Magma grollen,
ich mag den Donner, wenn dein Himmel atmet,
wenn es regnet und gießt,
ich mag die Weise, wie du mich besessen hast,
mich angefüllt hast mit Blumen, mit Schmerz, mit Lachen
von Fuß bis Kopf.

Den Kopf hast du mir verdreht,
ich bin ganz verliebt in dich,
und wenn ich dich verließ, so nicht für lange,
nicht, um die Ketten und Feilen zu vergessen,
nicht, um zu vergessen, was nicht zu vergessen ist.

Ich bin bei dir, mein Nicaragua,
       mein Mann
       mit dem Mädchennamen.

Fallen überkommen

Du fühlst wieder Wärme in deinen Fingerkuppen,
wieder das Prickeln im Magen, etwas zu schreiben,
und schreibst wieder, bist wieder Dichterin, Frau, Vogel.
Bist wieder erdig und fruchtbar,
flüssiges Feuer in den Adern, die du schon
versteinert glaubtest wie begradigte Flüsse.

Du jubelst vor Freude beim Aufwachen, unter Wohlklang
    und weißen Blüten.
Im Grunde ist es das Gefühl, noch einmal
geboren zu werden trotz aller Fallen,
die das Mittelmaß bereithält und das Exil.

Klar, wir sind kein Beerdigungsinstitut

»Klar sind wir kein Beerdigungsinstitut,
wir nehmen uns das Recht auf Fröhlichkeit ...«
Mario Benedetti

Klar, wir sind kein Beerdigungsinstitut:
trotz all der hinuntergeschluckten Tränen
sind wir fröhlich genug, Neues anzugehn;
unsere Tage und Nächte genießen wir,
auch die Müdigkeit, und fangen
das Lachen ein aus dem hohen Wind.

Wir nehmen uns das Recht, fröhlich zu sein,
die Liebe anzutreffen
in ferner Erde,
und schätzen uns glücklich,
weil wir Freunde fanden,
mit ihnen zu teilen
Brot, Schmerz und Bett.

Eigentlich sind wir geboren, glücklich zu sein,
doch umstellen uns Trauer und Verdruß,
Tod, und der Zwang, uns zu verbergen.

Auf der Flucht wie die Ausbrecher
sehn wir zu, wie sich Furchen in unsere Stirn eingraben,
und wir werden ernst,
aber immer wieder kommt uns das Lachen,
wie an unsere Fersen geheftet,
und wir können uns vor Lachen ausschütten
und in der schwärzesten und engsten Nacht glücklich sein,
denn wir bestehen aus großer Hoffnung,
aus großer Zuversicht, die uns voranbringt,
und wir haben den Sieg um den Hals geschlungen
und schlagen seine Trommel, lauter mit jedem Schlag,
und wir wissen, nichts kann geschehn, was uns aufhält,
denn wir sind Samen und Wohnung eines
    heimlichen Lächelns,
das wird schon bald
aus allen Gesichtern
springen.

Niemand sucht aus

Man sucht sich das Land seiner Geburt nicht aus,
und liebt doch das Land, wo man geboren wurde.

Man sucht sich die Zeit nicht aus, in der man
    die Welt betritt,
aber muß Spuren in seiner Zeit hinterlassen.

Seiner Verantwortung kann sich niemand entziehen.

Niemand kann seine Augen verschließen, nicht seine Ohren,
stumm werden und sich die Hände abschneiden.

Es ist die Pflicht von allen zu lieben,
ein Leben zu leben,
ein Ziel zu erreichen.

Wir suchen den Zeitpunkt nicht aus, zu dem wir
    die Welt betreten,
aber gestalten können wir diese Welt,
worin das Samenkorn wächst,
das wir in uns tragen.

Ich lebe in Costa Rica,

zu Verbannung verurteilt
und achtzehn Monaten Gefängnis,
weil ich mehr geliebt habe
als erlaubt ist.

III
Ich bin

Ich bin

Ich bin dein Bett,
dein Boden,
bin deine Kürbisflasche,
dahinein ergießt du dich und verlierst nichts von dir,
denn ich liebe deinen Samen
und bewahre ihn.

Verwandlung

Die Kletterpflanze
kriecht mir zu den Ohren heraus.

Meine Augen haben sich in schwankende
Staubblätter verwandelt,
mein Mund ist voll
von violetten Blumen.

Wenn ich gehe
verstreue ich Blätter
über das Haus.

Alles im Raum ist meinen Zweigen im Weg,
überall verfange ich mich,
sogar meine Nase
ist grün geworden,
mein Duft anders,
ich stoße mich an den Möbeln,
meine Beine brechen die Fliesen auf,
dringen in die Erde ein
und verwurzeln.

Mein Haar läßt keine Bewegung mehr zu,
es hat sich an die Wände geheftet,
die Arme sind verschwunden,
nur Finger habe ich noch,
und mein Körper
ist zum Stamm geworden.

Mit meinen Fingern
berühre ich mich
von allen Seiten,
erkenne mich wieder
in Blättern
und Zweigen
und den Blumen, die in meinem Mund sind
und meine Zähne färben.

Meine Finger streichen an mir entlang,
und wo sie mich berühren,
wachsen Zweige,
und endlich,
nach viel Widerstand,
werden die Hände weich,
Knospen sprießen
aus den Fingerkuppen.

Mein Mund voller lila Blüten
hat meinen Körper beredet,
ich bin verwandelt
in eine Kletterpflanze,
stachlig,
allein,
Natur geworden.

Und Gott machte eine Frau aus mir

Und Gott machte eine Frau aus mir,
mit langem Haar,
Augen,
Nase und Mund einer Frau.
Mit runden Hügeln
und Falten
und weichen Mulden,
höhlte mich innen aus
und machte mich zu einer Menschenwerkstatt.
Verflocht fein meine Nerven
und wog sorgsam
meine Hormone aus.
Mischte mein Blut
und goß es mir ein,
damit es meinen Körper
überall bewässere.
So entstanden die Gedanken,
die Träume,
die Instinkte.
All das schuf er behutsam
mit seinen Atemstößen
und seiner bohrenden Liebe,
die tausendundein Dinge, die mich täglich zur Frau machen,
derentwegen ich stolz
jeden Morgen erwache
und mein Geschlecht segne.

Mutterschaft

Mein Leib,
schwillt an
wie dankbare Erde.
Schon wird mein ebener Bauch
zu einem runden, klopfenden Hügel,
und darin wächst
so geheimnisvoll
in Wasser, Blut und Stille
wie eine sich öffnende Faust das Kind,
das du sätest
in das Innere meiner Fruchtbarkeit.

Ungeborenes

Du,
kleines Wesen,
du wächst in mir
und gibst mir ein neues Maß.

(Meinen Umfang hast du ausgeweitet: wenn ich die Treppe
hinuntergehe, kann ich meine Füße nicht mehr sehen.
Vorsichtig muß ich ins Auto steigen
und langsam spazierengehen.)

Nachts weckst du mich schon auf,
wenn du sanft an die Türe klopfst
meines heimlichen Hauses innen.

Ohne ein Wort reden wir miteinander,
und dann singe ich dich wieder in Schlaf
mit dem Rieseln meines Blutes
und meinem Herzschlag.

Das Vogelgezwitscher spürst du noch vor mir,
dann rührt sich zufrieden dein Leben
wie ein Hundeschwänzchen
am Morgen.

Du bist mein kleiner Bewohner,
mit dir lebe ich Tür an Tür,
und ich bin deine Fruchtblase,
du winziges Menschlein ohne Geschlecht.
Manchmal stell ich mir vor, du seist eine Frau,
manchmal ein Mann,
und ich liebe dich, ohne dich zu kennen,
ich ernähre dich und warte nur auf den Tag,
an dem wir uns treffen.

Die Brust geben

Ich muß sie behutsam aufnehmen.

Es ist wie in der Hand Wasser tragen,
ohne es zu verschütten.

Ich setze mich in den Schaukelstuhl,
wiege sie hin und her,
und wenn sie zu schreien anfängt,
gebe ich ihr Milch wie eine friedliche Kuh.

Sie ist wieder mein,
an mich geschmiegt,
auf mich angewiesen,
so wie es war, als allein ich sie kannte,
und sie in meinem Bauch wohnte.

Die Mutter

hat sich umgezogen.
Den Rock hat sie mit einer Hose vertauscht,
Schuhe mit Stiefeln,
Handtasche mit Rucksack.
Sie singt nicht mehr Wiegenlieder,
sondern aufrührerische Gesänge.
Geht ungekämmt und weint,
weil eine Liebe sie ausfüllt und überwältigt.
Sie liebt nicht mehr nur ihre Kinder,
noch gibt sie sich allein ihren Kindern hin.
Legt an ihre Brüste
tausend hungrige Münder,
ist Mutter zerlumpter Kinder,
von Jungen, die im Staub Kreisel drehen.
Sie hat sich selbst geboren
und fühlt sich manchmal schwach
unter der Last von so viel Liebe auf ihren Schultern.
Sie denkt dann an die Frucht ihres Leibes,
fern und alleingelassen,
die nach ihr ruft, nachts, ohne Antwort,
während sie anderen Schreien antwortet,
doch den einsamen Schrei ihres Fleisches immer im Ohr,
der ein Schrei mehr im Schreien des Volkes ist,
    das nach ihr ruft,
und ihr sogar noch
die eigenen Kinder
aus den Armen reißt.

Seit Monaten schon, mein Kind,

hab ich dich nicht gesehn,
seit Monaten hab ich dich nicht
warm in den Schlaf gewiegt,
seit Monaten sprechen wir nur über Telefon miteinander,
Ferngespräche, da müssen wir schnell reden,
wie erklär ich dir, Liebling,
mit zweieinhalb Jahren, was eine Revolution ist?

Wie sage ich dir, viele Menschen sind im Gefängnis;
in den Bergen zerreißt das Leid ganze Dörfer;
andere Kinder gibt's, die nie mehr die Stimme der Mutter
   hören?
Wie erklär ich dir, daß es manchmal notwendig ist,
   sich zu trennen,
weil der Kreis sich schließt,
und man die Heimat, das Haus und die Kinder
   verlassen muß
bis wer weiß wann
(und doch vertrauen wir auf den Sieg),
wie erklär ich dir, daß das Land, das wir schaffen,
   für dich ist,
wie erklär ich dir diesen ganzen Krieg
gegen das Leid, gegen den Tod, gegen die Ungerechtigkeit?
Wie erklär ich dir so,
so viele Dinge,
mein kleines Mädchen?

Zeugen wir Kinder

hunderte Kinder,
sie werden geboren
zwischen braunen Beinen, unter Gesängen.
Zeugen wir Kinder,
mit geballten Fäusten,
die Verschwörung, das Geheimnis in den Augen.

Zeugen wir Kinder,
sie werden auftauchen in Bergen, Städten und Feldern,
Kinder mit Blitzen im Blick,
Kinder verschwiegen; nachts überbringen sie Botschaften.

Kinder ohne Vater und Mutter,
Söhne von Frauen und Mann im Verborgenen,
heimliche Kinder.

Zeugen wir Kinder,
gebären wir
für jeden getöteten Mann und jede getötete Frau
hundert Kinder,
die weiterkämpfen.

Früher einmal war ich ein fröhliches Mädchen

mir gehörte mit meinem Lachen
die ganze Stadt.
Früher einmal war ich Dichterin,
führte ein neues Gedicht aus,
wie man ein Kind ausführt,
um ihm etwas zu zeigen, sich an ihm zu freuen.
Früher einmal war ich Mutter von zwei
    niedlichen Töchtern,
fühlte mich sicher meines Glücks,
bot dem Wind die Stirn, und den Dingen.

Nun
eine Frau, die das Land nicht kennt, wo sie wohnt,
ohne Liebe, ohne Lachen, ohne Nicaragua,
eine Dichterin, die im Verborgenen schreibt,
in ernsten Büros, im Gasthaus,
ein Mädchen, das unter einem Regenschirm weint,
wenn die Erinnerung zubeißt,
eine Mutter, die sich nach ihren fröhlichen Töchtern sehnt,
nun
bin ich ein wehmütiger Regengesang,
bin ich gar nicht da.

Ich beobachte das gebogene Palmblatt,

wie ein Luftzug es hin und her bewegt.
Ich warte auf das Wort, das mich aus der Verstellung erlöst,
die Parole, die mich bekleidet mit Wolken und Regenbogen,
die mir den Hörer aus der Hand nimmt, wenn ich
    angestrengt Formeln aufsage,
die mich befreit aus ernsten Büromauern,
wo ich wie eine Taube im Käfig bin, die tut, was sie tut,
    während es draußen Blumen gibt,
Zorn, Schweiß, sichere Hände
am Abzug der Pistole.

Was ich sah in einem Fenster in Houston, Texas

Von hier aus sehe ich dich,
undeutlich,
Angestellter der Fannin Bank
in Houston, Texas,
in Bilanzen und Rechnungen befangen.
Niemals wirst du erfahren, wer ich bin –
wahrscheinlich bleibt dir nicht viel Zeit zum Lesen,
erst recht nicht für das, was ich schreibe,
und was die Zeitungen in deiner Stadt nicht bringen.
Ich kenne dich auch nicht,
und doch schreibe ich solidarisch diese Zeilen
an deine unbewegte Gestalt,
gebückt über die Zahlen
irgendeiner unsichtbaren Bilanz,
die du mit deinem Namen unterzeichnest
(vermutlich instinktiv),
da du vielleicht oder sehr wahrscheinlich
nicht viel von dir selbst weißt,
so wie auch ich nicht viel von mir weiß
in dieser Stadt, die ohne die geringste Anstrengung
unseren lautesten Protest
ersticken würde.

Bekleidet mit Sprengstoff

Ich muß jetzt die Schminke kaufen gehen,
    hinter der ich mich
jeden Tag verstecke, damit niemand merkt,
wie klein meine Augen sind,
wie Maus- oder Elefantenaugen.
Seit einer Stunde will ich schon gehen,
aber mein warmes Zimmer hält mich zurück,
die Einsamkeit, die mir diesmal behagt,
und die Bücher, die ich wie Männer
    über mein Bett verstreut habe,
mit denen ich schlafe, in einer Orgie aus
    Armen und Beinen,
die mir den Verdruß am Leben austreiben und die
    Brustwarzen zerkratzen,
das Geschlecht
und mich füllen mit ihrem Samen aus Buchstaben,
die mich befruchten,
und ich will nicht auf die Straße gehen
    mit traurigem Gesicht,
während ich lieber aus vollem Herzen lachte,
aus keinem anderen Grund als dem,
mit Wörtern schwanger zu sein,
gegen die Konsumgesellschaft,
die mich liebt mit ihren Schaufenstern,
worin unerschwingliche Dinge liegen,
die ich mit all meinen weiblichen Hormonen ablehne,
wenn ich an die ausgelaugten und tristen Gesichter
der Leute in der Stadt denke, wie sie heute morgen
    aufgestanden sind,
wie sie immer aufstehen,
und wie sie solange weiter aufstehn werden,

bis wir uns endlich Dynamit überstreifen und
in die Regierungsgebäude eindringen
und in die Ministerien und in die Kasernen,
ein Streichholz in der Hand.

Bibel

Meine Hände seien wie Ströme
in deinem Haar.

Meine Brüste wie reife Orangen.

Mein Leib ein warmes Gefäß für deine Männlichkeit.

Meine Beine und Arme seien wie Tore,
wie Häfen für deine Gewitter.

Mein Haar wie die Baumwollblüte.

Mein Körper sei eine Hängematte für den deinen,
mein Geist dein Krug,
dein tiefer Weg.

Die Menschen liebe und besinge ich

Die Menschen liebe
und besinge ich.

Ich liebe die Jungen,
kühne Reiter der Luft,
Bevölkerer der Flure in den Universitäten,
Rebellen, Nichtanpasser, Planer anderer Welten.

Ich liebe die Arbeiter,
diese schwitzenden braunen Giganten,
sie ziehen im Morgengrauen hinaus, Städte zu bauen.

Die Schreiner liebe ich,
die das Holz kennen wie ihre Frau
und es bearbeiten, nach seiner Art.

Ich liebe die Bauern,
die keine anderen Traktoren haben als ihre Arme,
sie reißen den Leib der Erde auf und besitzen sie.

Ich liebe, betrübt und mitleidig, die schwierigen
    Geschäftsleute,
die ihre Männlichkeit
in eine blutdürstige Rechenmaschine verwandelt
und tiefste Gedanken und edelste Gefühle
durch Berechnungen und Ausbeutungsmethoden
    ersetzt haben.

Die Dichter liebe ich, schöne, flammenschleudernde Engel,
die aus dem Wort neue Welten ersinnen,
die dem Lachen und dem Wein ihre wirkliche
    sprichwörtliche Bedeutung geben,
die von der Tragweite eines ruhigen Gesprächs unter
    Bäumen wissen,
diese starken Dichter, die sich der Trauer aussetzen und
    hingehen und alles verlassen und sterben,
damit Menschen mit aufrechtem Gang geboren werden.

Die Maler liebe ich, Farbmenschen,
die für unsere Augen die Schönheit bewahren,
und auch die anderen, die den Schrecken und Hunger
    malen,
damit wir uns daran erinnern.

Ich liebe die einsamen Denker,
die außerhalb von Liebe und einfachem Verstehen leben,
sie verlieren sich in unabsehbare Nachforschungen
und quälen sich Tag und Nacht vor der Sinnlosigkeit der
    Antworten.

Alle liebe ich mit der Liebe der Frau, Mutter, Schwester,
mit einer Liebe, die größer ist als ich selbst,
die über mir ist und mich umgibt wie ein Ozean,
worin alles Geheimnis sich in Schaum auflöst.

Die Frauen liebe ich, angefangen bei ihrer Haut,
    die meine Haut ist,
sie empören und wehren sich mit blankgezogener
    Feder und Stimme,
die Frau liebe ich, die in der Nacht aufsteht und nach ihrem
    Kind sieht, das weint,
die Frau, die über ein Kind weint, das für immer schläft,

die Frau, die zornig in den Bergen kämpft,
die Frau, die schlecht bezahlt in der Stadt arbeitet,
die Frau, die dick und zufrieden singt, wenn sie Tortillas
  bäckt in der heißen, bauchigen Pfanne,
die Frau, die das Gewicht eines neuen Lebens trägt in ihrem
  geräumigen, fruchtbaren Leib.

Alle liebe ich sie, und nenne mich glücklich,
  von ihrer Art zu sein.
Ich nenne mich glücklich, zusammen mit
  Frauen und Männern zu leben
hier unter diesem Himmel, auf dieser tropischen,
  fruchttragenden Erde,
wellig und mit Pflanzen bewachsen.
Ich nenne mich glücklich, zu sein und geboren zu sein,
glücklich wegen meiner Lungen, die Luft herein und wieder
  hinaus führen,
denn beim Atmen spüre ich, wie die Welt in mich eintritt
und mich wieder verläßt und von mir etwas mitnimmt;
wegen dieser Gedichte, die ich schreibe und dann in den
  Wind werfe
zur Freude der Vögel,
wegen allem was ich bin, und weil ich die Luft durcheile mit
  meinem Schritt,
wegen der Blumen, die sich am Wegrand wiegen,
und wegen der Gedanken, die unzähmbar in den Köpfen
  aufeinanderprallen,
wegen des Widerstands, wegen des Aufruhrs.
Ich nenne mich glücklich, denn ich bin Teil einer neuen Zeit,
denn ich habe erkannt, wie wichtig es ist, daß ich lebe,
daß du lebst, daß wir alle leben,
daß meine Hand sich mit anderen Händen verschränkt,
mein Lied sich vereint mit anderen Liedern.

Denn meine Aufgabe hab ich erkannt, Schöpfer zu sein,
Gestalterin meiner Zeit, die unsere Zeit ist,
ich will auf die Straßen gehen, aufs Land,
in die Villen und in die Hütten,
will die Trägen aufrütteln und die Tagediebe
und die, die das Leben verfluchen und
    die schlechten Geschäfte
und die, die vor Zahlenreihen die Sonne nicht mehr erblicken,
die Ungläubigen, die Verzweifelten, solche, die die
    Hoffnung verloren haben,
solche, die lachen und singen und mit Zuversicht sprechen,
ich will sie alle ins Morgenlicht tragen,
damit sie das Leben erkennen, wie es dahinzieht
schmerzhaft, herausfordernd, schön,
das Leben, das uns erwartet nach jedem Sonnenuntergang
– letztes Zeugnis eines für immer entschwindenden Tages,
der die Zeit verläßt und niemals zurückkehrt.

Alle will ich verlocken, nach der Freude
zu greifen, die jetzt beginnt, nach einem Universum,
das nur darauf wartet, daß wir seine Türen aufstoßen
mit der Kraft unseres unaufhaltsamen Schritts.
Ich will sie dazu bringen, die Wege zu beschreiten,
auf denen unerbittlich die Geschichte vorrückt.
Weil ich sie liebe, bringe ich sie vor das neue Morgen, das
    wir alle
gemeinsam schaffen, frei von Last.

Gehn wir, und daß keiner zurückbleibt!
Daß niemand faul, ängstlich, träge die Erde bewohne,
damit unsere Liebe gewaltig wie Erdbeben und Sturmfluten
    werde,
wie Zyklone und Hurrikane
und alles, was uns beengt, verfliege in Nichts,

während neue Männer und neue Frauen
geboren werden, aufrecht,
leuchtend,
wie Vulkane.

IV
Die Orchidee aus Stahl

Die Orchidee aus Stahl

Dich lieben in diesem Krieg, gleichzeitig
reibt er uns auf und bereichert er uns.
Dich lieben, nicht daran denken, wie die Zeit verrinnt,
wie über unsere Küsse der Abschied kommt.
Dich lieben in unserem eigenen Krieg
mit Beinen und mit Armen,
dich lieben mit Angst in der Kehle.
Dich lieben ohne Kenntnis des Tags unseres Abschieds oder
    des Wiedersehens,
denn zwischen unseren verschlungenen Körpern stieg heute
    die Sonne auf,
unser Lächeln war schläfrig am Morgen.
Dich lieben, denn ich habe deine Stimme gehört,
und warte nun darauf, dich zu sehn, wie du aus der Nacht
    auftauchst.
Dich lieben in dieser ganzen Ungewißheit,
fühlen, unsere Liebe ist ein Geschenk,
eine Pause in so viel Leid und im Kugelregen,
ein Augenblick in den Kampf eingefügt,
damit wir nicht vergessen, wie sehr die Haut
    Zärtlichkeit braucht,
wenn wir uns lieben, Geliebter,
eingeschlossen in einem dreieckigen Land.

Ich, die ich dich liebe

Deine ungezähmte Gazelle bin ich,
der Donner, der das Licht auf deiner Brust bricht.
Der ungebundene Wind in den Bergen bin ich
und der helle Schein des Kienspans.
Deine Nächte erhitze ich,
entfache Vulkane in meinen Händen,
deine Augen mache ich feucht mit dem Rauch aus meinen
    Kratern.
Zu dir bin ich getreten, mit Regen und Erinnerung
    bekleidet,
lache das unveränderte Lachen der Jahre.
Unerforscht ein Weg bin ich,
Klarheit, die das Dunkel zersplittert.
Zwischen deine und meine Haut setze ich Sterne,
und gehe dich entlang,
Pfad um Pfad,
ohne Schuhe, meine Liebe,
meine Furcht entblößt.
Ein Name bin ich, der erzählt, und umfange dich
von der anderen Seite des Mondes,
deinen Körper und dein Lächeln verlängere ich.
Etwas Wachsendes bin ich,
etwas Lachendes, Weinendes,
ich,
die ich dich liebe.

Wie ein Krug

In den guten Tagen,
mit Regen,
als unerschöpflich
wir uns liebten,
als wir uns einander
öffneten, einer dem andern,
wie heimliche Höhlen,
in diesen Tagen, Geliebter,
wie ein Krug fing mein Körper
all das weiche Wasser auf,
das du über mich strömen ließest,
und jetzt,
in diesen Tagen der Dürre,
wenn deine Abwesenheit die Haut
schmerzt und aufschürft,
fließt Wasser aus meinen Augen,
gesättigt von deinem Andenken,
und benetzt meinen trockenen Körper,
so leer und so voll von dir.

Verscheuchen wir die Zeit, Geliebter,

damit es sie nicht mehr gibt, die langen
Minuten, die so schwer vorbeigehn,
wenn du nicht bei mir bist
und überall bist,
ohne da zu sein, aber da.
Du schmerzst mich im Leib,
streichelst meine Haut,
und bist nicht da,
und bist nahe,
ich fühle dich hervortreten
aus der Luft und mich anfüllen,
doch ich bin allein, Geliebter,
und dieses dich Sehen,
ohne daß du da bist,
läßt mich manchmal empfinden
wie eine verwundete Löwin
ich krümme mich,
drehe mich um mich selbst,
suche dich,
und du bist nicht da,
und bist doch
dort
so nahe.

Ich suche dich in der Kraft der Zukunft

Ich allein, Geliebter,
und du wer weiß wo,
die Erinnerung an dich wiegt mich wie der Wind den Mais,
und ich trage dich in der Zeit,
laufe die Wege entlang,
lache Gelächter,
und wir zwei sind zusammen
wieder, nahe beim Wasser.
Und wir zwei sind zusammen
wieder, unter dem sternenbesäten
Himmel, in den Bergen, nachts.
Ich, Geliebter, kann jetzt nähen mit deinem Namen,
nähe meine Tage, Minuten, Stunden
mit deinem Buchstabenfaden zusammen.
Ich bin jetzt Töpferin von Gefäßen
zum Aufbewahren von Augenblicken.
In Gewitter habe ich mich geworfen
und Donner und weine vor Zorn, daß du nicht bei mir bist,
in Sturm habe ich mich verwandelt,
in Wind, in frisches Wasser,
und peitsche, durchnässe, schieße hervor
und suche dich in einer anderen Zeit,
die so kraftvoll ist
wie du.

Die Begegnung

Die erste Nacht beschreiben, in der ich dich sah,
du standst vor der Glasscheibe des Hotels,
die dich mit deiner grünen Jacke und deinem
    ruhigen Gesicht spiegelte,
du fragtest mich etwas,
als ich herauskam, und halfst mir,
einen Poncho, weiß wie der Mond, überzulegen,
und dann gingen wir lange Zeit durch eine fremde Stadt,
die aber schon unsere war, weil wir zusammen waren,
schüchtern, voll von Worten,
angesammelt in dem Jahr, in dem wir uns nicht
    gesprochen hatten,
 und wir tranken einen Kaffee und dann noch einen,
und während ich einen Nußkuchen aß, küßtest du mich,
und ich blickte dich immer noch erschrocken an,
wenn ich dich neben mir sah,
und danach gingen wir weiter und nahmen ein Taxi,
weil mir kalt war, und ich verriet dir,
daß ich Gedichte für dich geschrieben hatte,
und wir gingen in meine Wohnung,
um sie zu lesen und uns zu küssen,
wie zwei Hungrige,
ganz allein und geschützt vor der Neugier einer ganzen
    Stadt voller Leute,
und wir verloren uns in gierigen Umarmungen,
bis oben hin voll von Dingen, die man nicht nennen kann,
dafür sind die Worte noch nicht erfunden,
und wir berührten einander wie jemand,
der zum erstenmal das Gefühl des Berührens erfährt,
und gaben uns der Liebe hin,
der Liebe, der Liebe,

bis wir einschliefen, bis wir aufwachten,
und du gingst diesen Morgen weg und liebtest mich auf
   andere Weise,
und ich wachte später auf und
besah mich im Spiegel, um nachzusehn,
ob ich wirklich diese nackte Frau sei,
der man die Küsse ansah,
mit wirrem Haar und im ganzen Körper glücklich,
und lange glaubte ich,
daß es nur ein Traum gewesen sei,
bis ich dein Halstuch erblickte,
das du vergessen hattest,
das spiegelte sich auch
im Spiegel.

Dich bereisen

Dein Fleisch will ich schmecken,
würzig und kräftig,
anfangen mit deinen Armen
herrlich wie Äste des Ceibo;
fortfahren mit der Brust, von der meine Träume träumen,
mit der Armhöhle, worin sich mein Kopf vergräbt,
das Zarte zu ergründen,
die Brust, die tönt wie Trommeln und dauerndes Leben;
da eine lange Weile bleiben,
meine Hände verzweigen
im Strauchwäldchen, das dir schwarz und weich
unter meiner nackten Haut wächst;
fortfahren dann bis zu deinem Nabel,
bis zu dieser Mitte, wo es dich zu kitzeln beginnt,
mit Küssen, mit Bissen über dich gehen,
bis ich anlange
bei diesem Ort,
versteckt und geheim,
der sich freut bei meiner Anwesenheit,
der sich erhebt, mich zu empfangen
und auf mich zukommt
mit der ganzen Härte des erregten Mannes;

hinab zu deinen Beinen,
fest wie deine Überzeugung als Guerillero,
diese Beine, worauf dein Körper ruht,
mit denen du zu mir kommst,
mit denen du mich trägst,
die du des Nachts verschränkst mit meinen
sanften und weiblichen;
deine Füße küssen, Liebling,
die so viel laufen müssen ohne mich,
und umkehren, dich zu ersteigen,
bis ich deinen Mund an meinen sauge,
bis ich ganz angefüllt bin von deinem Speichel,
    deinem Atem,
bis du in mich dringst
mit der Kraft von Ebbe und Flut
und mich überwältigst mit deinem Kommen und Gehen
wie das wilde Meer,
bis wir beide hingestreckt und heiß
auf dem Kampfplatz der Laken bleiben.

Meine Liebe

ist wie ein reißender Fluß,
der strömt über den Körper meines Mannes.
Meine Liebe schlägt Laute und Trommel
in den Bergen meines Landes,
feuert Küsse mit dem Maschinengewehr,
sie ist eine Liebe im Krieg,
mit Adios und Auf Wiedersehn,
eine Liebe mit Rauchsignalen aus der Ferne,
eine Liebe im Rucksack verpackt,
heimlich durch Städte
und Täler zu gehen.
Sie ist eine Liebe, Siege zu besingen,
Wunden zu beklagen,
aus Niederlagen zu lernen.
Meine Liebe ist ganz zufrieden,
obwohl sie mich manchmal zum Weinen bringt,
sie ist groß wie die Hoffnung
und der Mut meines Volkes.
Sie hat den Geruch von Land,
riecht nach feuchter Erde und Feld.
Meine Liebe ist wild
und brennt wie die Freiheit,
kennt keine Zeit,
sie bestürmt mich im Innern,
zügellos und aufsässig.
Sie hat mich mit Licht erfüllt,
und ich trage sie wie ein Gewehr geschultert,
weine und lache durch sie,
durch diese herrliche Liebe,
klar,
wie seine Augen.

Erfinden wir unsere eigene Sprache

Geliebter,
und uns werden die Augen groß:
Dinge sehen wir dann, die niemand sah,
Wege zwischen den Wolken,
Lieder in den Weizenfeldern.
Unter die Röcke sehen wir dann dem Wind,
wie seine Lippen das Wasser küssen.
Wir gehen dann ungezwungen,
ohne Schuhe und nackt,
wie unsichtbare Geister.
Worte und Lachen malen wir dann
auf die Mauern in der Welt,
während aus unseren Körpern die Liebe strömt,
sprudelnd,
      glucksend,
           plätschernd wie aus Brunnen.

Dem Comandante Marcos

Das Krachen des Maschinengewehrs schlug uns
    die Tür ins Gesicht,
deines Lebens Tür plötzlich zugefallen,
Holz bewahrt, wiegt dich im Leib der Erde.

Ich kann deinen Tod nicht glauben,
so ohne Abschied,
nur die entfernte Vorahnung jener Nacht, erinnerst du dich?
Als ich vor Zorn weinte, weil ich dich schlafen sah,
denn ich kannte dich längst als Zugvogel
auf rascher Flucht vor dem Leben.

Danach,
als du gegangen warst,
als du dir packtest die Gefahr,
und ich dich sah von wütenden Hunden umstellt,
begann ich zu glauben, du seist unverwundbar.
Wie hätte ich glauben können an ein Vergehen
deines Gesichts, deiner Hände und deiner Worte,
wie glauben an ein Ende von dir, du Anfang von allem,
Funke, du erster Schuß, Feuerbefehl,
Planung, Ruhe?

Aber da in der Zeitung stand die Nachricht,
und dein Bild blickte mich an und sah mich nicht,
das Gefühl deiner Abwesenheit war endgültig,
ohne Ausweg durchlief es mich,
ließ hinter sich die Tränengrenze,
ergoß sich in meine Adern,
brach sich in allen Gliedern.

Die Zeit vergeht und
größer werden dein unausmeßbarer Name, die Stunden
beladen mit deiner Haut, mit deinem stetigen Herzschlag,
mit allem, was es jetzt gar nicht gibt in meinem Kopf
und dich bringt und hinweg trägt wie Fließen und
   Widerfließen
von Gezeiten aus Blut,
rot vor Schmerz und Zorn wohin ich auch sehe,
und ich schreibe und kann nicht beschreiben die
   endlose Klage
kreisend und rund wie dein gedachtes Bild,
worin ich dein Ende nicht ausmachen kann,
nur erfühlen,
in der Kraft der Umarmung,
des Regens, flüchtender Pferde,
deinen Anfang.

Dein Name dröhnt in mir

Ich habe die Bäume versetzt,
die dein schaumiges Haus bewohnten,
und habe meine Tage beregnet
mit dem frühen und späten
Grün deiner Augen.

Meine Haut wurde voll Blütenstaub,
als ich die Schmetterlingsflügel entlangging,
um Honig zu stehlen,
denn in mir ist deine Liebe erblüht
wie eine Orchidee auf einem faserigen, einsamen Stamm,
aus dem Tod geboren, sich zu entfalten
unter tausend leidenschaftlichen Tränen,
und dich liebe ich nun
in allem, was dir ähnlich ist:
im nächtlichen runden Mond,
in der ruhigen, glatten Haut der See,
in allem, was solch ungezügelte Kraft besitzt
wie deine Küsse.

Ich verwandle meine Hände in Leuchtkäfer
und mache Licht in der Nacht,
und sehe dich jedesmal, wenn ich die Augen aufschlage,
im riesigen Atem der Wolken,
wieder und wieder im Geheimnis gedämpften Stöhnens.

Liebe rinnt durch mein Haar, weht in der Luft,
breitet sich aus bis an alle die Horizonte,
über die wir irgendwann wanderten,
einander genießend Haut an Haut,
heiß zu heiß.

Mir ist heiß vom Umarmen, von den Tränen,
von den Beteuerungen, vom schnellen Blut.

Die Erinnerung an dich erfüllt mich ganz
und dröhnt in mir wie der Leib der Vulkane.

Traumgewebe

Mehr nahm ich nicht wahr vom Tag,
als daß du nicht da warst,
nirgendwo bist du, und bedrängst meine Schritte, und meine
Atemzüge einer einsamen Frau.

Tage gibt es, denke ich, die zum Sterben
gemacht sind oder zum Weinen, voller Echos
und Gespenster, Tage,
die mich erschrecken.
Mir ist dann, als ob die Vergangenheit ihre Tür aufmachte
und heute gestern sein wird,
und es sind deine Hände, deine Augen,
    dein Zusammensein mit mir,
all das, was eben noch so greifbar war,
gerade noch
ein Gewebe aus Träumen.

Allein du kannst, Geliebter

Was hätte ich dir zu geben, außer dem unauf-
hörlichen Singen der Unruhe in meinen Adern,
wie Zusammenfließen ungebändigter Flüsse?

Allein du kannst, Geliebter, besänftigen die unbärdigen
    Ströme durch mein Herz
an den Tagen deiner Abwesenheit, tief und weit wie die
    Vielgestalt der Erde,
und ich gehe umher und suche dich in den Augen der
    Menschen,
suche dich im Gesang der Grillen, in den Glühwürmchen,
suche außerhalb meiner das Bild,
das mein Körper umschließt.

Ich schreibe dir, Sergio,

unter dem einsamen, sonnverbrannten,
nackten Mittag,
während der Wind schlägt,
liege eingerollt
wie eine Katze im Bett,
in dem ich dich liebte heute nacht und du mich,
mit Atemholen, lachend, unbegreiflich.

Weit zurück bleibt die Welt,
die ich ohne dich kannte,
und ein Nest entsteht aus Worten und Küssen,
ein Nest, das vor Angst und Erwartung zittert,
in dem ich manchmal pfeife und singe,
und manchmal erschrecke;
ich mache die Augen auf und werde ruhig,
und denke an die Honigwabe,
die wir auskundschaften
wie einen schönen, hypnotischen Irrgarten,
in dem uns weder weiße Steinchen,
noch ein Zauberfaden
den Rückweg zeigen.

Die Gedanken an dich

>»Wenn ich schon nichts mehr will,
und fast gar nichts erwarte,
und kaum noch etwas tun kann,
liebe ich dich am meisten.«
>José Coronel Urtecho

Die Gedanken an dich verweben sich
mit meiner Umgebung zu einer Decke, wie gegen die Kälte,
glänzen auf meinem Körper in der feuchten
    nachmittäglichen Ruhe,
ich schreibe dir und kann nichts anderes tun
als an dich denken und
heimlich deinen Namen sprechen, innen im Mund,
ihn zwischen den Zähnen bewegen und darauf kauen,
bis die Buchstaben aufgebraucht sind,
bis so viel von deinem Namen aufgebraucht ist,
daß ich ihn wiederbeleben kann, mich mit deiner Stimme
    und deinen Augen einlullen,
mich selbst einwiegen in diese Stunden ohne Zeit,
in denen ich nach dir verlange
und jede Minute liebe,
eingeprägt in meiner Erinnerung
für immer.

Lang ist der Nachmittag,

wie der gewundene Weg in dein Haus,
das ich mit schweren Gliedern verlasse
auf dem Weg in mein leeres Bett,
und beim Einschlafen riecht meine Haut nach dir,
mit deinem Schatten schlafe ich ein.

Lang ist der Nachmittag,
die Liebe rund wie ein Pistolenabzug,
sie läuft mich von vorne, von der Seite an, überall,
meine Schultern umgreift der Traum
und bringt mich wieder zu dir,
zu deiner Armkuhle,
deinen Atemzügen
zum Weitermachen
ohne Ende mit der Kissenschlacht,
die fangen wir an und lachen
mit neuer Kraft über die Müdigkeit.

Jetzt will ich in den Traum eintauchen,

auf Wiedersehen sagen bis gleich,
und in dir mich verlieren,
so wie du in mir schon verloren bist,
mit deinen schweigenden,
ruhig geschlossenen Wimpern.

Du bist schön so,
wie ein verlorenes, an allem unschuldiges Kind.
Du siehst aus, als ob du immer nur schlafen solltest,
und nur ich weiß von deiner geduckten Kraft –
die hat über meine Liebe
Ausgangssperre verhängt.

Ich schreibe die Geschichte meines Körpers unter deinen Händen

Neu entstand er mir wie einer frisch gehäuteten Schlange.
Blühte auf in der Sonne und
bedeckte sich vor deinen und meinen staunenden Augen
mit Blumen, Begonien, Kometen.
Mein Körper, wenn deine Arme ihn umfassen,
wird zu einem Pferd, einer Stute,
rennt los im Galopp durch die Lust.
Er überzieht sich mit Efeu,
klettert an den Wänden deines Herzens empor,
umfängt es mit Raunen
geradewegs aus den Eingeweiden der Erde.
Mein Körper voll unerwarteter Klüfte
bricht die Nacht auf wie das Lied der Gitarre in den Bergen,
entzündet wie Glühwürmchen die Dunkelheit mit seinem
      Leuchten.
Er verliert sich in dir
mit der Hingebung eines vernachlässigten Kindes.
Macht seine Fenster weit auf,
deine drängenden Liebkosungen zu empfangen.
Denken verwandelt sich in geflügelte Libellen,
die den Wald wecken und sein Ästeknacken.
Mein Körper wird zum unerforschten Stern,
auf dem dein Körper sein Raumschiff niederläßt;
er brodelt mit der Energie eines neuen Kontinents,
nach Katastrophen aufgeworfen,
ohne Namen, ohne Geschichte.

Mein Körper muß dich schon immer geliebt,
schon immer begehrt haben.

Er entblößt sich,
offenbart seine Geheimnisse wie eine Höhle,
die nur auf dein Wort gewartet hat,
sich aufzutun,
für den Zauber deines Lächelns,
deines Naheseins, für dich,
der du den verborgenen Schlüssel schon länger hast
als Erinnerung.

Feucht und pflanzlich

erwacht der Morgen,
steigt noch nicht auf aus dem nächtlichen Regen,
läßt weiter den Mantel benetzen.

Benommen erhebe ich mich,
eben noch spürte ich deinen Körper
warm und deine Umarmung nahe an meinem Traum.

Ganz durchtränkt hat dein Atmen
mich, meinen Leib, wie deine strotzende Liebe.
Du grubst Zeichen in meine Haut,
nicht zu verwischen von Wind noch Wasser,
außer mein Name verschwömme, verlöre Farbe und Leben.

Mitten auf meinem Strand voll Muscheln und Schnecken
    bist du ein Fels,
von nun an tönen die Wellen neu,
rollen mit anmutigem Lied
befriedigt an meinen Körper.

V
Eva verweist auf die Äpfel

Eva verweist auf die Äpfel

»Dort bleibe ich dir in der Brust,
du wirst dich an mir freuen viele Jahre.«
Carlos Martínez Rivas

Mit der Kraft Gottes
– allmächtiger Centaur –
hast du mich aus der gekrümmten Rippe
    meiner Welt geholt,
auf die Suche nach deinem verheißenen Land gestoßen,
der ersten Station des Paradieses.

Alles ließ ich zurück,
ich hörte nicht auf Jammern, nicht auf Rat.
Im ganzen Universum meiner Blindheit
hast nur du gestrahlt,
gleißende Sonne in der Dunkelheit.

Und so,
wieder Eva,
aß ich den Apfel.
Wollte ein Haus bauen, und daß wir darin wohnten,
Kinder hätten, unser neues Reich zu erweitern.
Aber dann,
waren in dir bloß Jagden, Löwen,
der Wunsch nach Alleinsein
und mürrisches Aufwachen.

Für mich gab es nur flüchtige Heimkehr,
deine Lust an meinem Körper,
plötzlichen Ausbruch von Zärtlichkeit.
Später
zerriß mir immer und immer wieder
dein Flüchten den Schlaf,
und füllte das Honigglas,
das ich dir hartnäckig anbot,
mit Tränen.

Ich nutzte mich ab wie ein Flußkiesel.
Immer wieder hast du mein Flüstern überhört,
meine Schreie,
mich im Dickicht deiner Verwirrungen allein gelassen,
ohne Licht, ohne Zündsteine für Feuer,
    mich daran zu wärmen
oder die Richtung deines Schattens zu ahnen.

Und so eines Tags
sah ich zum letzten Mal
deine Gestalt zurückgelehnt im roten Grund des Zimmers,
wo ich mehr Raserei als Zärtlichkeit erfuhr,
und ich sagte dir Adios
aus der heißen Tiefe meines Leibs heraus,
aus dem Lavafluß meines Herzens.

Ich nahm nichts mit,
weil nichts von dir mir gehörte
– du hast mir nie etwas anvertraut –
und du warst weg aus mir,
so wie Bäume plötzlich weg sind
auf breiter Fläche, leer,
in Stümpfe verwandelt,
schon tot,
Stoff für die Erinnerung,
Material, um Verse daraus zu knüpfen.

Du warst mein Gott,
und wie Adam
hast auch du mich schwanger gemacht mit Früchten und
    Malinchesamen,
mit Gedichten und Blütenherzen,
mit Trauben unerklärlicher Mißhelligkeiten.

Niemals wieder
wird diese Eva sich nach Trugbildern
    aus dem Paradies umsehen
oder in süße, gefährliche Äpfel beißen,
stolze,
anmaßende Äpfel,
ungeeignet
für die Liebe.

Spielregeln für Männer, die mich lieben wollen

1. Mich zu lieben, muß ein Mann
   von meiner Haut den Vorhang ziehen,
   bis auf den Grund meiner Augen sehen
   und erkennen, daß in mir nistet
   die durchsichtige Schwalbe Zärtlichkeit.

2. Mich zu lieben, darf ein Mann
   mich nicht wie eine Ware besitzen wollen,
   mich nicht vorführen wie eine Jagdtrophäe;
   er wird an meiner Seite stehen
   mit dergleichen Liebe,
   wie ich an der seinen.

3. Mich zu lieben, muß die Liebe
   eines Mannes stark sein wie Ceibobäume,
   so schützend und sicher
   und so klar wie ein Dezembermorgen.

4. Mich zu lieben, darf ein Mann
   meinem Lächeln nicht mißtrauen,
   mein volles Haar nicht fürchten,
   er soll Trauer und Schweigen achten
   und auf meinem Leib Liebkosungen spielen
   wie auf einer Gitarre, Melodien
   und Freude aus der Tiefe meines Körpers locken.

5. Mich zu lieben, kann ein Mann
    in mir das Bett für die Last seiner Sorgen sehen,
    eine Freundin, mit der er seine Geheimnisse teilen kann,
    einen See, in dem er treibt
    ohne Angst, daß ein Anker von Verpflichtungen
    ihn am Fliegen hindert, wenn er Lust hat,
    ein Vogel zu sein.

6. Mich zu lieben, wird ein Mann
    Poesie aus seinem Leben machen,
    jeden Tag neu gestalten
    mit dem Blick in die Zukunft.

7. Mich zu lieben aber muß ein Mann
    vor allem mein Volk lieben,
    nicht als abstrakten Begriff
    aus dem Ärmel gezogen,
    sondern als etwas Wirkliches, Greifbares,
    dem er mit seinen Handlungen Ehre macht
    und sein Leben gibt, wenn es notwendig ist.

8. Mich zu lieben, muß ein Mann
    mein Gesicht im Schützengraben erkennen,
    mich lieben mit dem Gewehr im Anschlag,
    wenn wir beide gemeinsam
    die Feinde abwehren.

9. Die Liebe meines Mannes
    scheut nicht, sich hinzugeben,
    noch fürchtet sie, auf einem belebten Platz
    sich im Zauber des Verliebtseins zu entdecken.
    Er kann laut rufen: Ich liebe dich,
    oder Anschläge an die Häuser kleben,
    die sein Recht auf das herrlichste
    und menschlichste aller Gefühle proklamieren.

10. Die Liebe meines Mannes
    flieht nicht vor Küchendunst
    und nicht vor Kinderwindeln,
    wie ein frischer Wind ist sie,
    der in Wolken aus Traum und Zeit
    die Hemmnisse davonträgt,
    die uns über Jahrhunderte trennten
    wie verschiedenartige Wesen.

11. Die Liebe meines Mannes
    will mich nicht festlegen, nicht einordnen,
    sie gibt mir Luft, Nahrung, Raum,
    zu wachsen und reicher zu werden,
    so wieder jeder neue Tag
    eine Revolution
    entfaltet.

Alles für die Liebe

So viel habe ich für dich getan,
ich muß aufpassen,
daß eine Aufzählung nicht nach Eigenlob klingt,
denn alles tat ich aus Liebe.

Und wenn du mir eines Tags
die Büchse der Pandora in die Hand gabst,
und ich Blitze und Stürme entfesselte,
so ist es wahr, daß sie weh taten:
manches Mal haben sie mir an der Haut gezerrt,
ließen mich ängstlich auf meinen Herzschlag hören,
ob sein kleiner Soldatentritt noch vernehmbar sei.

Dennoch war es meine eigene, selbständige Entscheidung,
meine Verdammnis, meine Lust,
ich habe mich mehr als Frau gefühlt,
fähig zu Höhenflügen und Akrobatik,
zur Sturheit der Eselin;
auf unbekannte Wege trieben sie mich,
wo der ganz nahe Geruch des Glücks
    mich schwindlig machte.
Und ich habe dich hinter Gebärden und Türen gesucht,
bis in die Art hinein, deine Kleider abzulegen,
und erkannte dich
und habe alles in mir aufgemacht
wie einen Käfig voller Nachtigallen,
und wußte auf einmal, was es heißt,
eine blendende Sonne im Leib zu spüren.

Ich möchte mich also nicht täuschen mit Eigenlob,
für Sonne und Schatten bin ich allein verantwortlich,
doch ach, Geliebter, wie sehr quält es mich,
daß ich zwar in deinem Weltall
ein schweifender Stern bin,
grausam von dir in den Raum gehängt,
daß du mich aber nicht bewohnt hast,
mein Licht nicht besessen,
und dich gerade traust,
wie ein Blinder,
mich im Dunkeln zu betasten.

Wie eine Katze auf dem Rücken

Ich liebe dich wie eine Katze, die auf dem Rücken liegt,
den Bauch nach oben liebe ich dich.
Ich miaue unter deinem Blick,
diesem grausamen Liebeskäfig,
von Tatzenhieben erhitzt
wie eine Mondnacht,
wenn zwei Katzen ihre Liebe auf den Dächern austragen,
sich mit Kreischen und Schreien lieben,
mit Verwünschungen lieben, mit Tränen, Lachen
(von der Art, die den Körper freudig erzittern läßt).

Ich liebe dich wie eine Katze mit dem Bauch nach oben,
will nicht aufgeben,
nicht ablassen von diesem nächtlichen
Kampf ohne Worte,
von dieser Liebe, die mich schwindlig macht,
mit Pollen anfüllt, mit Fruchtbarkeit,
die mir tagsüber
prickelnd über den Rücken läuft.

Ich gehe nicht weg, will nicht gehn, dich nicht gehen lassen,
geduckt suche ich nach dir, schnurrend,
ich suche dich, wenn ich hinter dem Sofa auftauche,
auf dein Bett springe,
dir mit dem Schwanz über die Augen streiche,

ich suche dich, wenn ich mich auf dem Teppich strecke
und mir die Brille aufsetze, lese,
Kochbücher,
damit ich an mich halte und das Haus führen kann,
den Tisch decken, die Zimmer richten,
dich lieben ohne Unordnung und Staub,
dich organisiert lieben,
Ordnung in dies Durcheinander
aus Revolution und Arbeit und Liebe bringen,
gelegen und ungelegen,
nachts, bei Tagesanbruch, im Bad,
wenn wir lachen wie zahme Katzen,
wie alte Katzen
uns in der Sofaecke über das Gesicht lecken,
müde vom Zeitunglesen.

Ich liebe dich wie eine dankbare,
dicke und verwöhnte Katze,
ich liebe dich wie eine weinerliche,
dünne, gescheuchte Katze,
ich liebe dich wie eine Katze, mein Liebling,
wie die Katze Gioconda,
wie eine Frau
liebe ich dich.

Träumen, um träumend aufzuwachen

»Wer ist sie nur, die durch die Himmel läuft
mit einem wehenden Schal aus Sternen, und
unsere Erde und Sonne umkreisen wie Bienen
ihr blühendes Herz?
Ihre Füße gehen in den Winden, dort, wo der
Raum tief ist.
Ihre Augen sind verschleiert, verschwommen,
sie fliegt in der Nacht und sucht eine ferne
Geliebte.«

James Oppenheim

Wenn mir schon nichts bleibt außer Träumen,
und das Warten mir vorkommt wie ein Strand, der kein
   Ende nimmt,
will ich die Nacht aufheben, den Übergang zur
   Morgendämmerung,
und mich dem Traum hingeben,
wie eine dahintreibende Tänzerin, ohne Schleier,
nackt, nichts soll mich behindern,
damit der Himmel mich sehe, wie ich bin,
und die Sterne entscheiden,
welchen Planeten sie mir als Wohnsitz zuweisen,
in welche Revolution sie mich aussäen,
        die muß es auch in der Galaxis geben,
        alles ist in ständiger Bewegung.
Sie werden mich mit meinen Tränen düngen lassen,
die meine Augen verströmen,
mit meinem Schweiß, meinen Ausscheidungen,
mit allem, was von mir ist, weil ich lebe und pulsiere,
denn was mein Körper macht oder verbraucht,
hat seine Gründe und ist schön.

Dort in der Leere des Raums
         still, verwirrend, bedrohlich,
so wie hier, wo ich mich jetzt befinde,
muß ich ihm begegnen, ihn sehen, berühren.

Vom Asteroiden B-612 aus werde ich
ihn wie einen Nebel entstehen sehen,
Beine, Hände, Lippen, Sprache,
Augen, die mich sehen, wie mich noch niemand
    je gesehen hat,
bis auf den Grund, ohne Angst und ohne Vorurteile.
Ich werde spüren, daß er um mich ist, mich hält,
er verwahrt meine Gedichte und liest und liebt sie,
er schweigt und ist Geheimnis
oder durchsichtig, er läßt sich betrachten,
mich sehen, wie sein Blut fließt, sein Gehirn arbeitet,
er liebt mich mit dem Feuer, das die Sterne schlagen,
zusammen gehen wir durch Meteoritenregen,
und er nimmt mich bei der Hand
auf endlosen Spaziergängen durch die Plejaden,
die Ringe des Saturns, die Jupitermonde,
und wir stillen unseren Durst nach Universum.

Danach,
ich weiß es, werde ich wieder von unserem Mond zu
    träumen anfangen,
von der Erde,
von einem bestimmten Land
im Zentrum eines großen Erdteils,
und werde anfangen, die Sonne in den Bäumen zu
    beschreiben,
die Hitze, den Wald,
Vogelgezwitscher,
die wunderbaren Stimmen der Menschen.

Ich werde für ihn Gesänge mit Donner machen,
von schwieligen Händen berichten,
vom Kämpfen, vom Sieg,
und davon, was der Sieg uns gekostet hat, was wir leiden
	mußten,
was wir erreicht haben, arbeiten, schaffen.

Ich werde das bohrende Heimweh
	nach feuchter Erde haben,
an Dinge denken, die ich zu tun unterließ,
als ich in Träume gekleidet Planeten erforschte,
und wir nützen die Konjunktion der Sterne aus
und kehren zusammen zurück.
Recht hast du, wird er mir sagen,
dieses Land ist herrlich,
meine Vulkane wie die einer Frau mit wogenden Brüsten
über die Landschaft gebreitet,
die Seen, die Fahnen, das Lächeln,
und wird sagen:
arbeite, Frau, arbeite,
arbeiten wir beide,
damit der Traum gerade hier wirklich werde,
an diesem Ort.

Wofür andere Welten,
andere Konstellationen?
Hier müssen wir wach bleiben,
mitten auf diesem
neugeborenen, bedrohten
Stern.

Gefahren der Regenzeit

Diese Regenzeit nimmt mit sich fort, was wir gewesen sind.

Jeden Tag erwache ich
und schmiege mich an deinen Rücken,
berühre dich,
wie um sicher zu gehn, daß dich das Wasser nicht
    fortgeschwemmt hat,
lächle und frage mich, ob morgen, ob bald,
ob eines schönen Tages
nicht Regentropfen zu Tränen werden,
und der Regen bis ins Haus dringt
und das Wasser nicht Möbeln Regalen Vorhängen
die Farben auswäscht,
und wir alle naß werden zwischen Händeschütteln und
    Verabschieden.

Deshalb sauge ich morgens alles Licht
in meine Lungen, öffne alle Türen,
male das Gelächter gelb an im Haus,
setze die Sonnenblumen in Schwung,
hefte mir die Sonne zwischen die Brüste
und mache mich auf, dich zu berühren, dir zu schreiben,
zu erklären, daß kein, nie ein Sturzbach meine Liebe
    fortreißen kann,
kein Wolkenbruch, kein Unwetter, kein Wirbelwind
deinen Namen von meiner Haut löscht,
deiner langen Tage Honig.

Hilf mir zu glauben, daß wir nicht die letzten Bewohner der Erde sind

Mein Wunsch an dich, Geliebter,
ist wie der Wind in den Hügeln von Waslala,
geht ohne Unterlaß,
kommt immer zurück.

Vor Trauer weine ich,
vor Liebe weine ich,
ich bin eingesperrt in den Nächten
wie ein Tiger im Käfig,
wenn ich dich reden höre
neben mir auf dem Kopfkissen.

Was werde ich für dich sein, Geliebter,
in diesem Mahlwerk,
das nichts übrig lassen wird von uns,
in dieser Zeit, in der alles
lebendiger ist, weil der Tod nahe;
ich umarme dich,
wenn auch Wolfsrudel
uns einkreisen,
die Sterne zitternd blinken,
Liebe bleibt trotzdem wahr, Schönheit,
die transzendentalen Werte der Geschichte,
der Glaube, daß zwar im atomaren Irrsinn
alles zugrunde gehen kann,
die Kraft des Lebens sich jedoch erneuert
in der ständigen Bewegung der Materie,
wenn unsere Körper schon nicht mehr sein,
diese Lieder
im Rauch der Hekatombe aufgehen werden.

Deshalb, mehr als zuvor, Geliebter,
fühle ich, wie die Uhr tickt,
wie der Augenblick aus den Fingern tropft,
erwarte bedrückt
den unausbleiblichen Orkan.

Darum will ich meine Gedichte schwingen,
ein kleines Stückchen Glück
gegen Wind und Wellen setzen,
darauf vertrauen, daß nicht alles vergehen kann,
das Antlitz von Saslaya,
rote Blüten,
daß wir nicht die letzten Bewohner der Erde sein werden:
Eher versinke,
aber ohne uns,
das Imperium.

Austreibung

Ich weiß, ich schreibe,
mir die Geister auszutreiben,
das Gesindel von Ängsten,
das mich verfolgt.

Noch weiß ich nicht genau,
wer diese neue Frau ist, die ich bin,
so wie eine Stadt nach der Katastrophe unbekannt ist,
wenn die Bezugspunkte
bestimmter Bauwerke nicht mehr vorhanden sind.

Ich weiß nur, mich überzieht
ein geologisches Netz von Rissen,
aus denen zeitlose Vergangenheiten aufsteigen;
ihr Beben kann ich nicht messen,
so sehr ich mich anstrenge.

Dunkel errate ich, taste, ahne
das Ende einer schmerzhaften,
aber immer noch süßen,
Blindheit.

VI
Von der Flucht

Erinnerung

Verstreut lagen
die Blüten des großen Baumes,
dessen Namen ich nicht kenne,
des Baumes der rot aufblüht
am Abend,
an diesen herrlichen Abenden da die Erinnerung an dich
mein Blut durchströmt in einem großen Strom
so wie die roten Blüten
auffliegen über Dächer und Menschen,
sich niederlassen auf Wassergräben,
auf der Zeit,
oder in jenem Brunnen, mein Geliebter,
in jenem Brunnen ...

Beschwörung

Werde ich dich finden, Zauberer?

Werde ich noch einmal weinen,
das Gesicht auf den Knien versteckt?

Kehren wir noch einmal zurück zu den Flughäfen
ohne Wartesäle
von denen wir aufflogen wie Vögel
ergriffen von der Zeit und von letzten Blicken?

Lasse ich dich wieder allein in der letzten Nacht des Jahres
allein hinter zugeschlagenen Türen
hinter denen ich verschwand mit meinen Büchern
oder reisen wir zusammen, Verschworene im Geheimnis,
uns liebend und hassend
auf einer Terrasse
unter buntem Feuerwerk?

Werde ich dich finden, wenn ich wiederkehre
von irgendwoher
und unsere nasse Liebe der Verzweiflung beweine
und dir erzähle
ich wollte die Scheherezade deiner Nächte sein
damit du mir nie das Haupt abschlügest?

Ich werde dich finden, Zauberer,
eines unvorhergesehenen, nicht vorbedachten Tages
unter den Bäumen deiner Straße
oder der meinen
noch mit der gleichen Sehnsucht in den Fingerspitzen
voll schmerzender Lust, den Zauber zu zerbrechen

mit dem wir uns belegten
und die Zeit die wir zerstörten
– uns nicht zu sehen, um uns fern zu wähnen –
fern, wo doch das Auge das nicht täuscht
dich in allen Fenstern des Lebens spiegelt,
in den Pfützen, den Lampen, der Müdigkeit,
in den Nächten, angefüllt mit deinem Gespenst,
einem Gespenst das mich liebt
wie ein entlaufener Irrer inmitten der Revolution
auf immer und ewig
auf immer, Zauberer
auf immer.

Dauer

Hart zu sagen:
Ich liebe dich.
Schau wieviel Zeit, Anspruch, Abstand
ich vor das Entsetzen dieses Wortes gelegt habe,
ein Wort wie eine Schlange
nähert sich geräuschlos, kreist ein,
wird abgewiesen, einmal, zwei, drei, vier, viele Male
verjagt wie ein böser Gedanke,
eine Schwäche,
ein Fehltritt,
etwas, das wir uns nicht erlauben können

    – dieses erste Beben
    das uns dem Weltenanfang nähert
    der elementaren Sprache des Tastens, der
    Berührung,
    das Dunkel der Höhle
    der Mann und die Frau
    sie lecken sich den Schrecken des Donners –

Erkennen,
vor dem Spiegel,
die Spur,
die Abwesenheit verfochtener Körper, die zueinander
sprechen.
Fühlen, es gibt
eine wilde Liebe
im Käfig vernünftiger Gründe
zum Verhungern verdammt,
keinem anderen gibt sie sich hin
besessen von einem unabwendbaren Gesicht.

Tage hinter sich bringen,
die Hand heben
zur Geste des Wiedersehens und bereuen.
Nicht gegen die Angst ankommen,
die Feigheit,
die Furcht vor dem Klang der Stimme.
Flüchten wie ein Hirsch, aufgeschreckt vom
    eigenen Herzen,
schweigend einen Namen schreien
und für Lärm sorgen,
sich mit der anderen Stimme anfüllen,
nur um uns weiter zu zerreißen
und das Grauen zu vermehren
über den Verlust des Himmels auf immer.

Bitte

Kleide mich in Liebe
denn ich bin nackt,
bin unbewohnte Stadt,
benommen von Lärm
zitternd vom Zwitschern,
trockenes Blatt im März.

Umhülle mich mit Freude,
ich wurde nicht geboren, um traurig zu sein,
die Traurigkeit ist mir zu weit
wie ein fremdes Kleid.

Ich will wieder brennen,
den salzigen Geschmack der Tränen vergessen,
die Löcher in den Lilien,
die tote Schwalbe auf dem Balkon.

Noch einmal mich wiegen im wehenden Wind
schäumende Welle
Meer über den Klippen meiner Kindheit
Sterne in den Händen
lachende Lampe auf dem Weg zum Spiegel
in dem ich mich wieder schaue
heilen Leibes
beschützt
an die Hand genommen
vom Licht
von grüner Wiese und Vulkanen
das Haar voller Spatzen.
Schmetterlinge sprießen aus meinen Fingern
Luft nistet in den Zähnen
und kehrt zurück zur Ordnung
des Universums bewohnt von Zentauren.
Kleide mich in Liebe
denn ich bin nackt.

Diese Sehnsucht

Dieser Traum den ich lebe,
diese Sehnsucht mit Vor- und Zunamen
dieser Wirbelsturm, gefangen in meinen bebenden Knochen
der heulend seinen Weg durch mein Blut beklagt ...

Ich kann die Zeit nicht verlassen und ihre Verstecke,
das Tal meiner Tage
ist voll namenloser Schatten,
ich gehe in die Einsamkeit wie eine arme Seele
bar aller Vernunft,
Heldin verlorener Schlachten
und wasserloser Krüge.
Ich sinke ein in meinen Körper,
verblute mich in die Venen,
ich kämpfe gegen den Wind,
gegen die Haut, die an der meinen klebt.

Was soll ich tun mit meinem Geisterschloß
mit den Sternschnuppen, die mich belagern
da die Sonne mich blendet
– ich sehe nur ihre gelbe Scheibe –
und ihr goldener Schweif mir die Hand leckt
mir die Nächte durchpflügt,
mich entlebt
und mir Unheil bringt ...

Ich werde mich den Wirbelstürmen ausliefern
und so weit fort wie möglich
dies brennende Licht durchqueren.
Ich komme um vor Kälte.

In Memoriam

Wie eine weite Kathedrale
rauchgeschwärzt von Zeit und Pilgern
buntfenstrig und
umsäumt von Moos und duftenden Veilchen
zelebriere ich diese Nacht für dich
eine Gedenkmesse
warmleuchtende Lampe.

Durch die dunkelsten Gänge meiner inneren Mauern
durch verschlungene Labyrinthe
verschlossener Türen
und vergitterter Fenster
schreite ich deinem Schatten entgegen.
Dein Bild gekleidet in Mönchsgewänder
erwartet mich im Vorhof der Erinnerung
neben dem verstummten Brunnen.

Schleppend trage ich das lange Gewand der Gefangenschaft.
Ich weiß nicht ob mein schweigendes Schreiten dir verrät
daß mein Herz wie eine Kerze ist
und in meinen Augen sich der schwere Honig
meines Blutes spiegelt.

In dem runden Raum der Zeit
dieser Nacht, in der ich deinen Namen rufe
hebe ich langsam das Hemd das still das Geheimnis hütet
und offenbare dir den Altar der Seufzer,
den gemeißelten Schrein in dem ich
    deine Gebärden bewahre
die rosenduftende Beschwörung die meine Knochen
    schwängert.

Mein Körper, dein stetiger Raum,
deine weichwandige Wohnung.

Vielleicht hast du vergessen
wie du einmal sein Innerstes bewohntest,
seine vergitterte Zelle,
doch er bewahrt das Flüstern und den Gesang.
Ein Funke, und das Totgeglaubte lebt,
was du schlafend wähntest, erwacht.

So zelebriere ich diese Auferstehung,
diese Regenmesse,
offen, wie der Buchsbaum blühend.
Ich schleudere dir meine gefangene Liebe entgegen,
begraben unter Tagen und stählernen Stangen,
versunken unter Wasserblüten
versteckt in unterirdischen Archiven,
gesteinigt, geächtet, tausendmal verleugnet,
ein heiler Dornbusch der nicht verbrennt,
zarte Festung bewahrt in meinem Blut.

Dann stelle ich sie wieder an ihren Platz,
schließe sie ein in ihren Käfig im Apfelgarten
und lasse sie wieder erblinden, verurteile sie wieder
    zum Schweigen.

Morgen dann, morgen
habe ich wieder vergessen
daß du, in Trauer gekleidet,
mich noch einmal bewohntest
und ich die Frau war, die dich rief
ohne daß deine Stimme jemals Antwort gab.

Ohne Worte

Ich erfand einen Baum, einen großen Baum,
größer als ein Mann,
größer als ein Haus,
größer als die letzte Hoffnung.

Jahrelang
wohnte ich in seinem Schatten
und wartete auf ein Wort.
Ich sang ihm Lieder,
umarmte ihn,
kratzte an seiner rauhen Rinde.
Mein Lachen brach Blüten aus seinen Zweigen,
jede meiner Bewegungen lockte
neue Blätter und Früchte hervor ...
Er war mein wie nie zuvor etwas mein war
doch er sprach nicht mit mir.
Ich lauschte auf seine Geräusche,
ich hörte sein Schmetterlingsrauschen
und sein Urwaldkrachen,
ich erträumte mir seine Stimme wie süßes Singen,
doch er sprach nicht mit mir.

Nächtelang weinte ich zu seinen Füßen,
an die Wurzeln gekauert,
ich fühlte seine Arme
und sah ihn hoch über mir,
ich wußte, daß er mich dachte.
Doch er sprach nicht mit mir ...

Ich lernte singen wie ein Vogel,
leuchten wie ein Glühwürmchen,
wiehern wie ein Pferd.
Von Zeit zu Zeit übermannte mich der Zorn, so daß
alle seine Blätter fielen
und er nackt dastand und beschämt
vor den laubreichen Guanacastes,
denn ich hoffte, er würde vielleicht
wenn nicht im Guten, so im Bösen lernen
wie manche Männer.
Doch er sprach nicht mit mir.

Ich lernte so viele Sprachen für ihn,
ich entkleidete mich so vieler anderer Dinge,
daß ich vergaß wie ich hieß
und woher ich kam,
bis ich nicht mehr wußte,
ob ich Tier war oder Mensch
und stumm und immergrün
– voller Hoffnung –
hängen blieb in seinen Zweigen.

Aus dem Tagebuch der Ariadne

Ich wurde dem Labyrinth von Kreta überantwortet,
denn man wußte, daß ich verliebt war in den Minotaurus.
Nun bin ich gefangen tief in der Höhle,
in einer Spalte wo er mich nicht findet.

Minos ist so nah
daß ich seinen Atem höre.
Er sucht mich nicht, denn er weiß mich
als Gefangene seines Rätsels,
das er sorgsam spann, mich zu fangen.
Ich kenne ihn, auch wenn ich ihn nicht begreife,
ihn liebe und gleichermaßen hasse.
Die Gewitterflut seines Lärms
hält mich schlaflos in der Nacht.
Ich sehe das Licht, das den Ausgang erhellt
und möchte heraus,
dir zeigen, Theseus, den wunden Punkt.
Doch ich fürchte, ich warte
hier in der Höhle der Zeit
unsichtbar, durchsichtig
verdächtig berechnend,
ihn vor dir zu schützen, Theseus,
der du mich rufst: Ariadne, Ariadne,
damit ich dir den glänzenden Faden überreiche, mit
dem du ihn für immer
aus dem Labyrinth meines Lebens entfernst.

VII
Von der Wiedergeburt

Nachtwache

Einer nach dem anderen häufen sich die Tage des Lebens.
Gehen vorüber. Folgen einander.
Ich bin es, die Hoffnung baut auf dem Gras.
Die nackt ist noch rosig und warm.
Dort liegen die Hügel auf denen ich einst tollte.
Die Bäche und Täler durch die ich im Regen lief.
Gesichter ziehen vorüber die einmal
hocherhoben wie Lampen
mein Antlitz erhellten und mich bevölkerten mit Symbolen
und neuen Wörtern.
Gedichte fliegen wie Taubenschwärme
über mich hinweg.
Dies alles betrachte ich aus meiner jungfräulichen Zelle
die niemand betritt.
Am Ende der Begegnung mit der Welt der Träume
erwachte ich mit einem Ahnen von Jubel,
doch war da niemand, der meinen Körper umarmte und
mir Zärtlichkeiten ins Ohr flüsterte.
Dennoch bin ich glücklich.
Ich sehe Leiber geschwollen von kommendem Leben.
Die Felder gepflügt.

Es ist die Zeit des Besinnens und ich webe einen Traum
weil ich lernte daß Träume möglich sind.
Ich schreibe alte Manuskripte und erfinde
eine neue Geschichte der Welt.
Dies ist das Gelobte Land aus dem sie uns vertrieben.
Himmlische Heerscharen, Engelschöre
beschützen die Bewohner des Paradieses
damit sie die Entbehrungen ertragen
und nicht vom Apfel des Verderbens essen.

Man hat mir die Lampe der klugen Jungfrauen übergeben
doch auch die Visionen der Wälder
in denen das Einhorn haust.
Doch der Geliebte kommt noch nicht.
Manchmal ist es als sähe ich seinen nahenden Schatten
und hörte seine Stimme die sich laut erhebt
die Mauern einzureißen welche die Liebe umgeben.

Man sagt mir, die Beharrlichkeit sei die Tugend
der Sieger.
Die Geduld sicherer Schild gegen die Täuschung
falscher Träume.
So drehe ich die Sanduhr
und male auf lange Pergamente die Essenz
meines Glücks.
Die, die ich erwarte, wird kommen
aus Nebel und Rauch
wird Mensch werden und mich bewohnen
plötzlich greifbar inmitten der Menge
endlich im Hafen meiner Stürme
von Ewigkeit zu Ewigkeit.
Amen.

Ahnung

Ich fürchte deine Augen.
Sie schlagen die stummen Saiten meines Gesangs
scheuchen Vögel auf
vor den verschlossenen Türen des Vergessens
wecken Gespenster
in der schützenden Festung die ich hartnäckig baute
damit nichts mich berührte
noch jemals durchquerte
den Graben meiner Tränen.

Ein kleines Licht durchdrang
die Schwelle des Schattens.
Deine Augen suchen mich
und die meinen lachen
es lacht mein Körper von innen.

Ich verneine dich
und spüre doch Glück.
Unentschlossen, oberflächlich, alleswissend
seziere ich den neuen Klang in den Adern
überquere den Fluß ehe die Brücke gebaut ist
addiere und subtrahiere mögliche Tränen
mögliches Lachen
während du
auch spröde vor Angst
überlegst, die Zahl errechnest
die Trompeten putzt
die vielleicht
mit Donnergetöse
die Mauern von Jericho zerbrechen.

Geburten

Ich baue mich auf aus langsamen stillen Ereignissen
wie diesem daß du mein Leben betratest
durch eine Tür aus Bäumen und Mittagssonne
um mich anzuschauen wie jemand der begreift
was das Herz kaum stammelt.
Um mir das Lachen zu bringen und mit mir
die Malinchebäume zu teilen
oder die schweifenden Nebel der Kindheit
in einem Garten der das Rauschen einer Quelle bewahrt
und die Spiele eines kleinen Mädchens
zwischen Blumen.
Es gibt keinen Mittler zwischen uns.
Nicht einmal die Zeit pulst im flüchtigen Kuß
noch im heißen Begegnen der Haut.
Wir leben einen Augenblick in dem die Welt
sich auf der Stimme umdreht,
der leuchtenden Trägheit im nächtlichen Park
dem Bier dessen Schaum langsam
unter Worten zerfällt unerwartet quellender Honig
wenn ich vom Regen spreche
oder du Zauberlagunen aufsteigen siehst
aus dem Grund der Vulkane.
Jeder bewahrt sein Geheimnis
doch die Berührung verdrängt die Fremdheit
die Verstecke deiner Augen
sperren die Vergänglichkeit aus
die keiner beschwören will.
Denn hier sind wir heute.
In diese Minute paßt das Weltall
und das Weltall hängt an den Zacken eines Sterns
dessen Bahn wir nicht kennen.

Begrüßung der Sonnenfinsternis in Kriegszeiten

Von einem Stern dessen Bahn ich nicht
kenne
steigt die Ankündigung der Finsternis
empor
einer Sonnenfinsternis
damit die Gezeiten ihren Rhythmus
finden
und ein neues leuchtendes Antlitz
am Firmament sich erhebt
zur Freude der Algen, Fische, Korallenriffe
und des Wasserleibes meines Weltalls.

Erhebe dich Jungfrau
schon tönten die Trompeten von Jericho
bald fallen dumpf deine Mauern
und es bleibt
nur der Staub der Erinnerung.

Befreit ersteht die heimliche Stadt
wieder Lärm und festliches Treiben im Herzen.

Erhebe dich und fürchte weder Feuer noch Krieg
denn wie aus Trümmern laut aufsteigt das Lied
wie aus Ruinen dein Lächeln ergrünt unter neuen Alleen
so wird dieser zarte gefährdete Stern
die Belagerung der Feinde durchbrechen
die Zeit überschreiten
und immerwährend kreisen
in der Ewigkeit der ersten Blicke der Helden.

Hexeneinmaleins zum Träumen

Ich wollte ich hätte einen Zauber erfunden
einen Zauber der dir mitten aus der Brust
einen Begonienstrauß sprießen läßt.

Ich wollte ich könnte, ich möchte
einen Trick erfinden
der aus deinen Augen auf die meinen
Nachtigallenflügel tropfen läßt
und dicken lautströmenden Honig.

Ich wollte ich könnte, ich möchte
dich Adam erschaffen für die einzig mögliche Eva der Welt
vielleicht auch dich träumen
beim hartnäckigen Malen meines Schattens in den Sand.

Ich möchte dir zeigen daß der Horizont
aufgehen kann wie ein riesiger Vorhang
und es möglich ist sich über den Rand der Welt zu beugen
wo das Leuchten einer Sonnenblume
die Blüten des Tages erhellt.

Ich möchte daß mein Magierhut
dieser Träumer von Zaubern und zärtlichen Wünschen
ein ganz gewöhnlicher Teller wär
aus dem wir zwei das Lachen füttern.

Ich möchte so viele Dinge verwandeln
stumme Entfernungen die mir die Türen
warmer endloser Stunden verschließen.
Und weil ich möchte was ich möchte
irre ich träumende Dulcinea
Quichotin blasend auf Windmühlenflügel
unerlöst für die Liebe
ohne Kompaß noch andere Instrumente
meinen Vogelflug zu leiten
verliebt
in den klingenden
süßen
Sturm
deiner Worte.

Zeichen

»Es ist die Liebe; ich muß mich verstecken
oder fliehen.«

Jorge Luis Borges

Langsames
gewaltiges
dröhnendes
Zittern
der Blätter
im undurchdringlichen Dschungel meiner Dornen.
Zärtlichkeit, die meine Knochen befällt.
Süße Wasserwelle
bricht sich auf dem Grund meiner Brust
schwillt an
und läuft wieder aus
Schaum
auf meinem Herzen.

Es ist die Liebe mit ihren warmen Winden
die beharrlich mein nächtliches Ufer netzen.
Es ist die Liebe mit ihrem langen Algenkleid
das sich in meinem Namen verfängt,
meinem Verstand, meinen Unmöglichkeiten.
Salzige nasse Liebe
die sich an den Felsen bricht
ungerührter vergangener Härte.
Langsam steigende Flut
höher und höher an den steinigen Kanten meiner Hände.
Eisiges Weltall

und Mutterleib still pulsenden Lebens.
Bäume im Abendlicht
roter Sonnenuntergang in Blau
Mond am Himmel wie reife Frucht.

Es ist Schrecken
und nackte Angst die Tür zu öffnen
und mitwandern zu müssen im Schwarm
der Sterne auf der Suche nach Licht
wie nächtlich schweifende Schmetterlinge.
Es ist schwarze Finsternis
leere Nova im Universum.
Es ist deine Stimme wie ein Hauch
das Dröhnen der Tage die den Weg deines Lebens nicht
    kennen.
Es ist das Wort das allen Zauber beschwört
Peitsche auf meinem Rücken am Rand der Sonne
das Wort das mit heimlichen Zeichen
die Zeit aus den Fugen hebt
frei von Zufall und Logik
wahnsinniges Wort, Schwert.
Wirbel der in lauer Erinnerung wühlt
friedlich bewahrt auf dem Dachboden der Träume.
Bildsäulen die plötzlich zum Leben erwachen
lila Kobolde die aus Blumen sprechen
und Kriegslieder pfeifen, begleitet von Trommeln,
schrecklich die langen spitzen Pantoffeln
und ihr Hohngelächter
während ich vergeblich
verbissen, zornig, machtlos
mein Entsetzen schreiend
diesen letzten schützenden Graben grabe.

Lebte ich nicht

Lebte ich nicht in einem bedrohten Land
das von Tod umgeben uns Leben gibt.

Glaubte ich nicht an die Kraft der Gedanken
meinte gar, sie seien nur nützlich
als Turnübung fürs Hirn.

Erwachte ich nicht jeden Morgen
mit etwas weniger,
etwas, das nicht mehr da ist:
– die Seife, die Glühbirnen, die Milch –
und wüßte ich nicht, daß ich mir in Zukunft
sogar das Licht werde erfinden müssen
und zufrieden zurückkehren
zum Einfachen und Guten,
das in jedem Haus ist
in jedem Herzen.

Schritte ich nicht täglich
auf des Messers Schneide, das die Wolken
des Himmels von der Hölle trennt
und wäre eine Frau aus Leinen in einem
    gebügelten, entwickelten Land,
voll von all dem, was uns hier fehlt ...

Gewiß
wäre ich an dir vorübergegangen
und hätte dich nicht gesehen,
du hättest mich nicht gesehen.

Gewiß ist
weder du
noch ich
säßen jetzt hier,
schauten uns an,
berührten uns
und streichelten
wie ein Kind
die Zeit.

Einfache Wünsche

Heute wünsche ich mir, daß deine Finger Geschichten
mir ins Haar schreiben
und Küsse auf den Rücken hätte ich gern
Gekuschel
die größten Wahrheiten solltest du mir sagen
oder die größten Lügen
zum Beispiel
daß ich die schönste Frau der Welt bin
daß du mich sehr liebst
solche Sachen,
so etwas
so oft wiederholt,
daß du mein Gesicht nachzeichnest
und mir dann in die Augen schaust
als hinge dein ganzes Leben davon ab,
daß die deinen lächeln
und alle Möwen in der Gischt aufstören
so etwas möchte ich, meinen Körper sollst du begehen
den bebuschten, duftenden Weg,
der erste Winterregen sollst du sein
sacht dich fallen lassen
dann ein Wolkenbruch.

So etwas möcht ich, wie eine große Welle Zärtlichkeit,
die mich auflöst
das Rauschen eines Schneckengehäuses
ein Schwarm Fische im Mund
etwas davon
zart und nackt
wie eine Blume, die sich dem ersten Morgenlicht
    hingeben will
oder einfach ein Samen, ein Baum,
ein wenig Gras
ein Streicheln, das mich vergessen läßt
die verstreichende Zeit
den Krieg
die Gefahren des Todes.

Ereignisse

Welle sein
schäumend im sanften
Murmeln deines Blutes.

Dämmern am Rand deines Seins kauern,
das Haar zerfließend an deiner Schulter
gehalten vom Streicheln deiner Hand.

Sprachlos flüstern
längstgesagte Worte
altbekannt seit der ersten Paarung
eines Mannes und einer Frau
die einer im anderen
die Welt entdecken.

Sanftes Tier sein
das dich sucht mit offenen Augen
und denkt, wie schön das Leben ist
und stark und unerwartet neu.

Rückgabe

»Laß, Eros, ich flehe dich an, mein Herz in
Frieden: Such dir einen anderen Teil meines Körpers.«
Griechisches Epigramm

Gib mir mein Herz zurück, Reisender.
Du gehst – so sagst du mir –,
auf geflügeltem Pegasus wirst du dich entfernen
und wirst nur einsame Nächte um mich zurücklassen.
Darum, bevor du hinter des Weges Knick verschwindest,
mußt du das Herz mir wieder in die Brust setzen.
Wage nicht, es im Gepäck versteckt mitzunehmen
von dem Wunsch verleitet, es streicheln zu können
wenn du herausfindest, du findest kein anderes
so rot, so liebend, so voller Lieder für dich.
Du mußt mir die rote Lampe wiedergeben
sie wird andere Wanderwege meiner Brust beleuchten.
Du mußt es mir schlagend lassen und gut eingepflanzt,
ein wenig krank vielleicht,
doch lebendig und auf Leben pochend.

Ich werde meine schmalen Füße in ein Tuch schlagen.
Ich gebe sie dir, damit sie, unruhig, dir folgen,
damit sie dir meinen ganzen Körper zurückbringen
falls du einmal Tropen brauchst und Herz der Sonne
wenn Kälte und Neonlicht
wie feindliche Heere dich umzingeln.

Dauer des Unterschlupfes

Welch Zauberstadt die meine,
in der ein weißes Pferd langsam die große Straße überquert
kaum daß die Nacht hereinbricht.
(Schattig der Park und die Gebäude,
mitten in Erdbebentrümmern.)

Ich komme aus dem Kino.
Bilder, in denen ich unsere Geschichte erkennen kann.
Zwei Stunden lang habe ich dich gesehen und mich,
habe dir, unvermeidbar fast, Lebewohl gesagt.
Nur der Liebe hätte die Rettung gelingen können,
nur die Liebe hätte das Wunder vollbracht.
Die schwierige und bedrängte Liebe
so wirklich
wie jene dort der Amerikanerin und des Kommunisten,
kein Kunstgriff frisierte die Wirklichkeit auf Zelluloid
da war das Paar, sein Alltag, seine Kämpfe,
der innere Kampf gegen die Routine, gegen Störenfriede,
das Miteinander, wie man es sich wünscht,
gegen das, was es tatsächlich ist,
– zwei Menschenwesen, wehrlos doch schön
beisammen in einer Regennacht,
sanft gefangen der eine im andren,
jeder des anderen Dach,
jeder Schirm, Unterschlupf des anderen
trotz der Tränen und Geschrei,
da liegen sie auf dem Bett, umarmt, schweigend,
während draußen der Regen fällt –
und im Spiegel die Freundinnen sprechen von der
    Befreiung der Frau
und wie der Mann sein müßte

jener Mann, den sie umarmt
und der nichts ist als er selbst,
der, den sie liebt,
nicht der ideale, doch der geliebte.

Du und ich,
auch wir gefangen im Raum unserer Blicke.
In der Welt, draußen, fällt Kugelregen
wir sind zusammen
Wesen, deren Haut es übernimmt, Unvereinbares zu
    vereinbaren
– wir sagten, wir wollten die Gegenwart leben –.

Die Bilder bringen mich auf die Frage:
Was wird sein
wo werden wir uns begegnen
wer wird deinen, meinen Körper ersetzen
wenn wir uns voneinander weg bewegen
und uns eines Tages an irgendeinem Flughafen
    verabschieden
und so tun, als sei nichts,
– so sei das Leben eben,
wir wollten eine Zeitlang zusammen sein
und dann würde man sehen –
wir würden weiterleben,
fänden sicher ...
Was werden wir finden?
Welche Haut wird diese Musik aus mir holen, die deine
    Hände hervorlocken,
mit wem werde ich diskutieren, streiten, sprechen
bis es zu spät ist, ins Büro zu gehen,
bis zur Schlaflosigkeit, bis zur Ermattung,
als gingen die Worte nie aus und als gäbe es immer etwas
    Neues zu sagen?

Wer wird mir wiedergeben deine Augen
den lachenden Verschwörerblick
Körper, die unterm Fenster schlafen in der Nacht,
und die einander kitzeln?
Dieses Paar und die Liebe, sie verachten die
    Unvernunft der Welt,
fordern sie heraus,
vereint gegen die Prophezeiungen,
gegen den Krieg und das Absurde,
Unterschlupf vor der Atombombe.

Dieses Paar, das in seiner modernen Höhle kauert,
den Dinosauriern fern.
Das soll es eines Tages nicht mehr geben,
nur noch einen Schatten, der uns begleitet?
(... ach, aber dein Körper wird es nicht mehr sein,
    noch auch der meine.
    Ein Paar, wie selten das ist
    der größte Teil der Zeit besteht
    aus Suche,
    Männer und Frauen, Suchende,
    kein Paar.
    Es hält uns nicht das ineinander verschränkt,
    was du nicht nennen willst,
    aus Angst es könne dich behexen und dein Leben
    in Frage stellen
    das ganze Leben von hier an,
    denn, wie du so richtig sagtest,
    die Liebe ist was Ernstes,
    ist Verpflichtung.)

Da sind sie, auf der Leinwand
sehr ernst und beisammen
der Italiener und die Amerikanerin
und lieben sich
während die Welt sich in Regen auflöst.
Ein weißes Pferd durchquert meine verzauberte Stadt
kaum daß die Nacht hereinbricht.

Zerzauste Bäume

Blaß blühen
blaß
die Eichen.
Blaß
beladen
ist mein Herz.

In der Wunde der Zeitlichkeit
bewahre ich dich.
Ich trage dich in meinen Lungen
mit der Luft meines Atems.

Die Passatwinde zerzausen sie,
die Bäume.
Ich ziehe die Schuhe aus
und laufe barfuß durch die blassen Blüten
als ob so
ihr Staub die Kraft gewönne
die Bewegung zu halten
die dich herführt
mit der du mich rufst.

Gerufen von den Winden
erhebe ich mich am Vulkan
lade dich ein in diese Welt
der Jaguare und Farne
in diese ruhig daliegende Welt
die schaut und sich hingibt
offen in Seen und dunklen Wegen
moosbewachsen
schauend
– sieh nur, wie uns die Welt ansieht,
diese Welt aus Bäumen –.

Im Rhythmus der Roteichen
stellen sich Fragen.
Ich verberge mich vor Faunen und Nymphen
der Kindheit, die mich suchen
wieder und wieder
mit Flöten und verführerischem Lachen.
Ich verstecke mich im Vulkan
seufze Worte, die sich nicht lösen wollen von der Atemluft
Worte, die du entziffern müßtest
wie unerwartete Häute
plötzlich in Wimmern verwandelt.

Ich zeige dir den Gipfel.
Aus Blumen bereite ich duftende Feuer
Rauchsignale
damit du kommst
findest
berührst
blasses
beladenes
Herz.

Übergangsprobleme

Vielleicht dachten wir, wir wären nun nie mehr allein.
Paradiese zu träumen ist leichter als sie zu erbauen
            – auch nicht so schön –.
Nun sitzen wir hier
und zählen unsere einsamen Nächte,
Zärtlichkeiten, die keiner empfing,
Küsse, die wir nur träumten,
ganz in Anspruch genommen von dieser kollektiven Liebe,
uns häutend
ohne Hautkontakt,
schweigend erleiden wir den Wechsel
und denken über diese neuen Kämpfe nach,
mit denen wir nicht rechneten,
diese innere Revolution, wie Carlos Martínez Rivas sagt
gegen die Lieblosigkeit welkender Blumen
und die Errichtung
nicht nur neuer Produktionsverhältnisse,
sondern auch neuer Liebesverhältnisse.

Über dieses Thema gibt es kaum Bücher.
Man sucht sich allein das Licht
und irrt sich und beginnt von neuem.

Ich liebe einen Mann.
Ich weiß, daß er mich liebt.
Doch große Einsamkeiten und Entfernungen die meine
   Hand nicht erreicht
trennen uns,
und so lebe ich weiter,
lebe diese unwiederholbaren Tage
diese gradlinige Zeit,
die zum Ort führt,
von dem niemand zurückkehrt,
durchlaufe so meine ursprüngliche Akkumulation,
akkumuliere Dinge, die ich ihm sagen will,
Lachen, das ich ihm lachen möchte,
halte eine Wolke, die verweht,
vulkanische Dämpfe im Magma meines Fleisches,
und hasse die Einsamkeit
wie Adam als er sehnsüchtig und allein umherirrte
im irdischen Paradies.

Tanz der Furien

Ich will meinen hellen Zorn hinaussingen,
mich von ihm frei machen
um dich lieben zu können
ohne daß jeder Kuß
meinen nackten Körper hinstreckte
auf den Opferstein.

Ich habe Männer geliebt, die schön waren,
gewalttätig, sanft, traurig oder einfach nur nett.
In allen habe ich den Mond gesucht,
das Wachsen und Vergehen, die Gezeiten.
Ich war ein offener Vulkan
und spie Lava,
eine Möwe im Flug dicht über das Wasser.
Ich war eine Taube und nährte meine Jungen,
eine Löwin auf majestätischem Streifzug durch die Wüste.
Ich bin auf wechselvollen Pfaden gewandert
und habe das Leben geschlürft und geschwitzt wie es kam.
Ich habe stürmische Winter gesehen
und trockene Sommer, in denen die Haut mit der Erde
    aufbricht.
Ich habe die Welt nach Norden und Süden durchstreift
und bin geflogen auf allerlei mögliche Art.
Ich habe Tode erlebt
und sie geliebt unter Moos und Tränen.

Und doch stehe ich hier und baue
Wasserschlösser auf Sand,
stehe hier und tanze wie irr bildlose Spiegel.
Ein Baum, der zornig seine Blüten abwirft,
um nackt und allein im Abendlicht zu stehen.

Ich rufe einen Schwarm Zugvögel,
die sollen dich verfolgen im Weltall.
Ich knicke die Zweige der lodernden Welt
und reiche dir zum Trunk den Schweiß der Menge.

Ich verachte dich und streichle deine schwarzen Locken.
Ich schweige oder schwinge feurige Reden,
ich versuche es mit Weiberzauber oder kalten Argumenten
    der Wissenschaft.
Ich verschieße meine Munition im Kampf gegen
    unsichtbare Feinde.
Eines Tages findest du aus dem Labyrinth
gehst durch friedliche Gärten, gefangen in Erinnerung.
Ich werde rasen nächtelang tief im Meer
und der Schatz meiner Schwalbe
wird versunken sein im Tal des Hurrikans.
Barhäuptig jage ich durch Alleen
im fliegenden Lauf der Hirschkuh.

Doch einmal beruhigt sich mein Herz
das Schicksal und Spinnweben webt.
Einmal schütteln mich Erdbeben
die sanfte Städte schaffen,
Landschaften in Schaum gezeichnet.

Eines Tages sterbe ich am Sterben.

Ich hinterlasse Nachtigallen auf deiner Haut
und lasse Kletterpflanzen wachsen
rings um deine fernen Nächte.
Die Spiralen der Zeit die entflieht
bringen dir im Duft der Azaleen,
die Frau die gegen Penelope sang
für einen tauben, fahrenden Odysseus.

Grenzen

Ich erwache spät.
Warm ist deine Gegenwart nah an mir,
schlafend schläfst du undurchdringlich
und meine Hände wie zwei Vögel
umringen flattern wecken dich
und tragen dich zum Tag
und in deinen Augen ist etwas Fernes
etwas von anderen Ländern
von anderen Gärten
von anderen Menschen die uns eines Tages trennen.
In solchen Augenblicken werde ich traurig
denke wir fliegen in einer Wolke die sich langsam auflöst
dann will ich dich berühren um zu wissen, daß du hier bist
will denken, daß es ihn nicht gibt den Tag an dem du gehst
doch gibt es ihn
und mein Blut weicht zurück vor der Gewißheit
künftiger Schmerzen.
Ich sah so viele Menschen gehen
so viele Menschen nahmen ein Stück Haut von mir mit
einen Klang meines Lachens
Fotos die langsam in meiner Erinnerung vergilben
Süße die meine Träume bewahren.

Jedoch
hinterlassen diese Lieben andere Vaterländer auf der Haut
öffnen uns Grenzen
wir erlernen die Liebe anderer Völker
und fühlen uns weniger allein auf der Welt.
Durch diese Nächte und diese Morgen
bewohne ich deine Wolkenkratzer
und du die Heimat meiner Berge.

Halluzination

Heute erwachte ich
ganz still als Dichterin
und stellte mir vor ich könnte
mich einfach hinfließen lassen zur Liebe
wie ein träges Segelschiff spielerisch dem Winde folgt.
Ich könnte plötzlich da sein, eine Erscheinung,
das Klappern der Schreibmaschinen im Büro vergessen
das Telefon
die Zeit
und dich anschaun
als ob nichts auf der Welt wichtiger sei.
Diese Vogelgefühle machen mir Angst
weiß ich doch nicht wie weit entfernt die Käfigstäbe sind
die ich manchmal in deiner Stimme spüre
wenn du mich zurückholst in die Wirklichkeit.

Weißt du denn, ob ich nicht an einem heimlichen
    magischen Ort
wo freundlich gütige Zauberer hausen
den Kompaß finde
der mir den Weg weist zu deinem Herzen
und mich nicht irren läßt in dem Wald
wo der Kobold hinter deinen Augen
sein Häuschen hat mit Teekannen, Spiegeln und
    Zaubertiegeln?

Es gibt Tage,

da füllen sich meine Arme mit Blumen
und meine Haut riecht nach duftenden Kräutern
und ich zerzause mein Haar, ziehe meine Schuhe aus
und denke, daß dies alles ganz verrückt ist
und es gefällt mir.
Du kannst dir gar nicht vorstellen wie es mir gefällt
Eva zu sein und dir meine Welt zu benennen
und zu beobachten wie du
mit diesem seltsamen Ausdruck
als ob du mich um den Schlüssel bätest
und gleich wieder zutückzucktest in die Vernunft
mit komplizierten Fäden knüpfst
was uns kitzelt
damit wir Telefon und Schreibtisch verlassen
die verschiedenen Planeten vergessen, die wir bewohnen
in freiem Flug aus dem Fenster schweben
– nackt wie übermütige Engel –
die Labyrinthe der Lebensrosen öffnen
die aberwitzigen Maschinen des Todes stoppen
und zur Mitte der Sonne gelangen
zur Mitte des köstlichen Wahnsinns
wo ein Kuß
alle Weisheit des unerforschlichen Universums
enthält.

Ein Rest der Angst

Ich dürfte nicht traurig sein.
Ich dürfte nicht heute
erste Nacht der Regenzeit
Trübsal blasen.

Wenigstens müßte ich begreifen
wo das Band riß
welche Chance vertan wurde
welcher der Deiche durchlässig wurde für Tränen.

Es ist wahr, ich schlafe allein
es ist wahr, ich hasse die einsamen Nächte
die gedachte Umarmung leer auf den Laken.
Doch du gingst nicht für immer.

Im Gegenteil:
aus der Ferne fürchtet deine Stimme nicht mehr
    die Liebe zu nennen
sie zu buchstabieren in all ihren Tönen
es ist ja beschlossen, wir erleben die Stürme gemeinsam
in der kleinen Arche der Sintflut
du mit deinen Tieren
und ich mit den meinen
und diese Trennung ist nur der Übergang
Zollformalitäten
und nicht die völlige Dürre der Wüste
nicht der eisige Atem der Einsamkeit.

Vielleicht ist darum diese Traurigkeit
reine Verschwendung.
Und doch ist diese Zeit wie reife Frucht in meinen Händen
und die Tage füllen sich mir mit vielfarbigen Geweben
und ich lebe eine Spanne Zeit voll von mir selbst
und darin bist auch du.

Vielleicht verschwören sich die Hormone
mit den Phasen des Mondes,
mit dem Wechsel der Jahreszeiten,
hautnahes Fühlen ist ein Ding
und vernünftiges Denken ein anderes,
oder vielleicht erlaube ich mir nicht glücklich zu sein,
jetzt da der Tisch gedeckt ist
und das Warten auf dich nur eine Frage der Zeit,
der Stunden, die vorbeigehen, weichen müssen
bis zum Schnittpunkt der Umarmung.

Darum
anstatt zu sagen ich vermisse dich
obwohl ich dich vermisse
bilde ich Worte wie kleine maunzende Katzen,
die die Nacht anheulen
die dunkle Seite meines Blutes, unverstanden
den Schoß meiner Mutter, nach dem ich mich sehne
vielleicht schon immer.
Und ich denke:
Morgen zerblase ich den Nebel
und putze die Sonne.

Morgen vergesse ich die Angst
fürchte nicht mehr die einsamen Strecken
noch das Erwachen ohne Dach.
Ich verscheuche die Gespensterwolken
den anschleichenden Tod,
gebe zu, daß ich glücklich bin
ganz einfach glücklich.
Ich verliere die tiefe Angst
vor dem Glück.

Relativitätsgeheimnis

Manchmal erwache ich
und denke, das Geheimnis des Traums
wohnt hinter der angelehnten Tür
Seite an Seite mit der Unordnung des Zimmers
in dem der Morgen vergeht.
Ich bewege mich langsam vor den reglosen Möbeln
und warte auf die seltsamen Frauen mit den
    wechselnden Gesichtern
das Geräusch ihrer schleppenden Kleider
die langen Schatten der Männer in den
    spiegelnden Scheiben.
Fast höre ich die gelehrten Gespräche rings um den Tisch
spüre den fahlen Schein der Kerzen.
Ich zwinge mich zur Arbeit
verweigere die Wahrnehmung des anderen Universums das
    mich streift.
Wenn ich nur ein wenig die Tür öffne
läßt mich der Geruch der Fasane
die Angst vor der unmöglichen Realität der relativen Räume
sie heftig wieder schließen
mit der Panik des Wissenschaftlers vor einem
    schwarzen Loch.
Da ziehe ich es vor in den Lärm der Frühstücksteller zu
    fliehen
und vorsichtig die großen Zimmer
zu versiegeln
in denen andere Zeiten
foppend
verstreichen.

Im Keller

Übermäßiges Lieben
Herzen wie grüne Bäume
oder Kamelkarawanen
hoben in mir
einen tiefen Keller der Traurigkeit aus.
Wie der Dunst feuchter Höhlen
voll gestapelter Weinfässer
zerschneidet der Hauch der Traurigkeit
die Luft
und hüllt mich ein in seine Dämpfe.
So kommt es daß ich manchmal
den netten Menschen verlasse
den ich meistens bewohne
und mich in eine Frau verwandle
die ihre Kleider zerreißt
im Schatten.

VIII
Feuerschwerter,
Träume und Äpfel

Nicaragua Wasser Feuer

Regen
Fenster zeigt Wasser auf Blättern
Wind wirbelt Röcke
Schlamm trägt Stämme
Bäume malen Sternen Blutlachen
müssen verteidigt werden Eintagsgrenzen
und es gibt keine andere Wahl als den Kampf
hinter Regenvorhang schreibe ich Finger auf Abzugshähnen
große Kriege
Schmerzen unendlich tief wie Mutteraugen
unaufhaltsame Sturzbäche triefen
kommen die todkalten Kinderkörper
steigen herab von den Bergen die Kämpfer
mit ein paar Hängematten, vom Gegner erobert
wir essen wenig, es gibt wenig, wir wollen alle essen
große weiße Hände wollen uns töten
doch wir bauten Krankenhäuser Betten
in denen Frauen Geburten schreien
unsere Herzen hämmern den ganzen Tag
tum tum tam tam
Indioadern wiederholen Geschichte:
Unsere Kinder sollen keine Sklaven sein
Blumen brechen aus Särgen
niemand stirbt in Nicaragua
Nicaragua meine Geliebte, mein vergewaltigtes Mädchen
steht auf und richtet den Rock
läuft dem Mörder nach verfolgt ihn
Berge hinauf und Berge hinab
sie kommen nicht durch zwitschern die Vögel
sie kommen nicht durch sagen die Liebespaare
   die sich lieben

die Kinder machen Brot machen Gräben machen
Uniformen machen Einberufungsbriefe schreiben
Nicaragua meine Geliebte, meine schwarze Miskita
    Suma Rama Braut
Maienbaum in der Perlenlagune
Sturmwind im Flußtal des San Juan
sie kommen nicht durch und es regnet auf die runden Hüte
sie verfolgen die Spur der Bestie
lassen ihr keine Ruhe stellen sie
reißen sie aus der Brust des Vaterlandes
rotten das Unkraut aus
lassen nicht zu daß es Wurzeln schlägt
denn wir wollen Mais Reis Bohnen
wollen die Samen wachsen sehen auf dem Land wo
Bauern in hölzernen Kästen
Besitzurkunden der Landreform hüten
sie kommen nicht durch die Teufel
mit ihrer frohen Botschaft der Amnestie
für alle die Ranchos brennen sahen
und Nachbarn ermordet vor Frau und Kindern
Nicaragua mein Mädchen
tanzt kann lesen spricht mit den Leuten
erzählt seine Geschichte reist
in Flugzeugen und erzählt seine Geschichte
reist durch die ganze Welt mit seiner Geschichte
redet zungenfertig in Zeitungen unverständlicher Sprachen
schreit ereifert sich diskutiert
wer hätte gedacht wie es sich Gehör verschafft
was es aushält
Flugzeuge Minen Schnellboote und Bomben
Verwünschungen auf englisch
Reden über demütiges Köpfesenken
und es will nicht reißt sich los rennt
und voran der General und der Hügel

und die Raketen
die grünen Kolonnen im Vormarsch roden
bauen Zuckermühlen Häuser Schulen
junge Burschen erzählen ihre Geschichte
kommen humpelnd aus Hospitälern
nehmen Busse und kehren zurück an die Nordfront
schütteln die Angst ab wie Wind
dafür wurden wir geboren
dafür lachen wir
zwischen den Zähnen Hoffnung und Zorn
sie lassen uns nicht wir lassen sie nicht
weder bei Tag noch bei Nacht
ein Land klein aber tapfer
Nicaragua schleudert verwegene Lanzen
Viehweiden in Chontales wo Nadine
von Ackergäulen träumt
wir alle träumen
wie ein Wasserfall
wir haben eine Traumfabrik
mit Serienträumen für die Zögernden
hier kommt keiner davon ohne Kratzer am Gewissen
niemand bleibt ungeschoren
Land der Verrückten Erleuchteten Dichter Maler
strahlende Lichter Ballettschulen
internationale Konferenzen Sitzungssäle
Fleisch und Blut von Menschen die handeln und sich irren
und es noch einmal versuchen
hier ist alles in Bewegung schwingen
Hüften tanzender Frauen
zur Musik der Lebenslust im Angesicht von Mumien
die vom Tod sprechen als wären sie
auf eine Rückfahrkarte ins Leben abonniert
und aufgedruckten Blättern den Abend mit Lügen füllen
wie frustrierte Jungfern

voller Neid auf das Mädchen das sich wiegt und wirbelt
und ein Auge riskiert und Tamales und Gemälde verkauft
und zur Miliz geht und im Park spaziert
und die Liebe erfindet
und die Malinchen erblühen läßt
und sich versteckt um Verwirrung zu stiften
und einherschreitet zwischen gesenkten Bajonetten
und zaubert und feiert und betet
und an den Tod und das Leben glaubt
und Feuerschwerter schwingt
damit keinem eine Wahl bleibe
als das Paradies auf Erden
oder Schutt und Asche
freies Vaterland
oder Tod

Alle zusammen

In diesen Tagen da ich auf dich warte
fahre ich morgens los, trete in die Fahrradpedale.
An der Straße hinter meinem Haus entsteht ein
   Wohnviertel,
rückt seine Holzbalken zu unregelmäßigen Mauern zurecht.
Die Menschen, wenn ich vorbeifahre, frühmorgens,
holen Wasser aus einem Rohr, alle zusammen.
Sie sehen mich vorbeifahren und ich schaue sie an.
Die Burschen rufen, ich soll sie mitnehmen.
Dann fahre ich an einer Schreinerei vorbei da stehen
   grüne Schulpulte
vor der Werkstatt aufgetürmt.
Weiter unten ist eine Kirche und ein umzäunter Park
(ich frag mich warum).
Meine Beine werden müde und ich kehre zurück
nehm den Weg an der Turnhalle vorbei.
Der Mond versteckt sich hinter den Palmen
und taucht jeden Abend über dem Garten wieder auf.

Vor drei Tagen ist ein Flugzeug abgestürzt.
Gestorben sind die Kleine von Doris, Hans, Marcos' Frau
   und ihr Töchterchen.
Ich trete in die Pedale und frage mich
und denke während ich Fahrrad fahre
wenn meine Zeit stillsteht, jetzt wo du nicht da bist,
was fühlen sie, die zurückgeblieben sind,
für immer losgerissen von der Zeit der Geliebten
– was Doris, schweigend mit ihrer dunklen Brille.
Eine Frau so ruhig und kraftvoll wie eine Roteiche
doch mit einem Herz wie die Eichenblüte
sie löst sich vom Zweig

die Menschen auf dem Gehsteig zu begleiten.
Doris, die von Carlos träumt, der seine Tochter im
    Reich der Träume empfängt.
Carlos, Ricardo, Doris Maria sprechen über Doris,
umarmen sie im Wind des Sommers.
Doris Maria, wir lieben dich Gefährtin.
Doris Maria, du bist wie eine Erde,
wie die in Bronze gegossene Glocke
die sanft im Morgengrauen klingt.
Weine Doris. Hab keine Angst in Tränen zu vergehen.
Du gehst nicht. Wir sind hier, dich zu schützen –
So schweigsam, daß wir manchmal an ihr
die Sünde des Vergessens begehen,
wir wachsen heran uns der Menschen zu erinnern
nur in Augenblicken der Trauer
als bräuchte das tägliche Leben
nicht auch Gesellschaft
und der alltägliche Mut Aufmunterung.
In Sachen Lieblosigkeit müßten wir Selbstkritik üben.
»Revolution ist eine Frage der Liebe.«

Ich weine hinter meiner dunklen Brille
wortlos schaue ich die an, die jeden Morgen
Wasser holen, alle zusammen.

Für Juan Gelman

Ich glaube, Juan,
wir sind
genau das was wir sind,
ein Mann und eine Frau,
und gehen wie alle anderen durch die Welt
mit einem leisen Fragezeichen
hinter den Augen
und offenen Händen,
wir suchen blaue Vögel,
Siege,
Beruhigungsmittel gegen Schmerzen,
Schatten, uns vor Tränen zu schützen,
Spiegel, darin zu schauen
einen Menschen der uns ansieht
mit unserem gleichen Lächeln,
mit unserer gleichen Zärtlichkeit
der uns aus der Einsamkeit vertreibt
ohne andere Sonnen als die liebe Sonne
die wärmt;
der uns von der Lebenswärme gibt,
die wir selbst in uns tragen,
der seine schönen Dinge zu den unseren legt:
die Revolutionen, die wir gewinnen,
die Hoffnung, die uns im Flug erhebt.
Geben und Nehmen
von Auge zu Auge
von Blut zu Blut.

Der uns beide verknüpft wie die Sonnenaufgänge eines
    gleichen Landes,
der Freude und Trauer vermischt
und uns beide hinausführt unter Bäume
wie bockige Tiere
die Liebe wittern.

Ich glaube, Juan,
es gibt einen Spiegel,
der spiegelt uns beide
zur gleichen Zeit.

Die Träger der Träume

In allen Prophetien
steht die Zerstörung der Welt geschrieben.

Alle Prophetien erzählen
daß der Mensch seinen eigenen Untergang erfinden wird.

Doch die Jahrhunderte und das sich stets erneuernde Leben
haben auch ein Geschlecht der Liebenden und Träumer
    gezeugt;
Männer und Frauen,
die nicht von der Zerstörung der Welt träumten
sondern vom Aufbau einer Welt der Schmetterlinge
und Nachtigallen.

Von klein auf waren sie von der Liebe gezeichnet.
Hinter ihrer alltäglichen Erscheinung
bewahrten sie die Zärtlichkeit und Mitternachtssonne.
Ihre Mütter fanden sie, wie sie über einen toten Vogel
    weinten
und später fanden sie dann auch viele von ihnen getötet wie
    Vögel.

Diese Wesen haben sich mit durchscheinenden Frauen
    gepaart
schwängerten sie mit Honig und Kindern,
    nach einem Winter der Zärtlichkeiten
die grünen Triebe.
So haben sich auf der Welt die Träger der Träume vermehrt,
wild angefeindet von den Trägern geschwätziger Prophetien
    des Untergangs.

Getäuschte, Romantiker, utopische Denker wurden sie
   genannt
es hieß, ihre Worte seien alt
– und das waren sie, in der Tat, denn die Erinnerung an
   das Paradies ist alt
im Herzen des Menschen –.
Jene, die Reichtümer anhäuften, fürchteten
sie und schickten ihre Heere gegen sie,
doch die Traumträger liebten sich jede Nacht
und weiter sproß der Samen aus dem Leib derer,
die nicht nur Träume austrugen, sondern sie
   vermehrten
und sie laufen und sprechen lehrten.

Auf diese Weise hat die Welt ihr Leben neu gezeugt
wie sie auch jene gezeugt hatte, die entdeckten,
wie die Sonne zu löschen ist.

Die Träger der Träume überlebten eisige Zeiten
in warmen Zonen jedoch schienen sie wie von selbst zu
   sprießen.
Vielleicht hatten die Palmen, die blauen Himmel, die
   Regenstürze
etwas damit zu tun,
wahr ist, daß, wie fleißige Ameisen,
diese Gattung nicht aufhörte zu träumen und schöne
   Welten zu bauen,
Welten von Brüdern, von Männern und Frauen, die sich
   Genossen nannten,
die einander lesen lehrten, angesichts des Todes sich
   trösteten,
einander heilten und umsorgten, sich liebten, sich halfen
   bei der Kunst des Liebens
und der Verteidigung des Glücks.

Sie lebten glücklich in ihrem Land aus Zucker und Wind
und andere kamen von allerorten, sich mit ihrem
    Atem zu füllen
und ihren klaren Blicken
und in alle Welt gingen jene, die sie kennengelernt hatten
und trugen Träume hinaus
träumten von neuen Prophetien
die sprachen von Zeiten der Schmetterlinge und
    Nachtigallen
in denen die Welt nicht als Hekatombe unterzugehen hätte
wo, im Gegenteil, Wissenschaftler
Brunnen, Gärten, erstaunliche Spielzeuge erfinden
um des Menschen Glück noch seliger zu machen.

Sie sind gefährlich – druckten die großen Pressen
Sie sind gefährlich – sagten die Präsidenten in ihren Reden
Sie sind gefährlich – murmelten die Künstler des Krieges.

Man muß sie zerstören – druckten die großen Pressen
Man muß sie zerstören – sagten die Präsidenten in ihren
    Reden
Man muß sie zerstören – murmelten die Künstler des
    Krieges.

Die Traumträger kannten deren Macht
und wunderten sich also nicht.
Und sie wußten auch, das Leben hatte sie gezeugt,
um sich vor dem Tod zu schützen, den die Prophetien
    voraussagten.
Und deshalb verteidigten sie ihr Leben sogar mit dem Tod.
Und deshalb legten sie Traumgärten an
und exportierten sie mit großen bunten Schleifen
und die Propheten der Dunkelheit verbrachten ganze
    Nächte und Tage damit

Pässe und Wege zu bewachen
auf der Suche nach diesen gefährlichen Transporten
die sie nie erwischen konnten
denn wer keine Augen zum Träumen hat
sieht Träume weder bei Tag noch bei Nacht.

Und in der Welt hat sich ein großer
    Austausch von Träumen entwickelt
den die Händler des Todes nicht stoppen können;
und überall sind die Pakete mit den großen Schleifen
gesehen nur von diesem neuen Menschengeschlecht
und der Samen dieser Träume ist nicht nachweisbar
denn er ist in rote Herzen gehüllt
oder in weite Umstandskleider
unter denen träumerische Füßchen die Bäuche beleben, die
    sie tragen.

Es heißt, die Erde habe, nachdem sie sie gebar,
einen Regenbogenhimmel entfesselt
und Fruchtbarkeit in die Wurzeln der Bäume gehaucht.

Wir allein wissen, wir haben sie gesehen.
Wissen, das Leben hat sie gezeugt
um sich vor dem Tod zu schützen, den die Prophetien
    verkünden.

Es geschah bei einem Sonntagsausflug an den Strand

Es regnete.
Wir dachten zuversichtlich:
Auf dem Weg klart es noch auf.
Am Strand wird Sonne sein.

An der Windschutzscheibe des Wagens wisch wasch.
Nebel an den Fenstern.
Bäume in weiße Laken gehüllt.
Nasse Menschen.
Kälte auf der Landstraße.

   – Wir wären besser im Bett.
   Der Horizont in Richtung Meer ist trüb.
   Laß uns zurückfahren und lesen und uns umarmen. –

Wir wendeten: fuhren in Diriamba ein.
Das ganze Städtchen eingeschlossen.
Geschützt vor Nebel, Nieselregen.

Durch das Wirrwarr von Straßen
landeten wir auf einem Rundplatz, unerwartet:
Ein Denkmal, Namen von Genossen.
Im Hintergrund ein Friedhof.
Es sah schön aus.
Nebel besänftigte den Tod.

   – Laß uns aussteigen. Hier war ich noch nie.
   Ich möchte das Grab von Ricardo Morales sehen.
   Die Erde ein wenig streicheln.
   Ein paar Limonariablättchen für ihn hinlegen. –

Wir stiegen aus.
Mächtig die Gräber der Reichen am Eingang.
Ihre Engel weinten Regentränen.
Regen und Gräber, wir suchten Ricardo.
Wo kann Ricardo sein?
Und wir fanden Grabsteine von anderen:
Kämpfer, Väter, Brüder, achtzigjährige Nonnen.
Sogar eine orientalische Moschee mit diesem Epitaph:
»Hier ruht Ramón López
er starb jung
als Greis verkleidet.«
Wir dachten an den Tod.
Ich suchte deine Augen, Ricardo.
Die ich ein paarmal gesehen habe, unvergessen.
Die Augen deiner Tochter, Doris Maria.

Wir haben dich nicht gefunden.
Wir kehrten im beharrlichen Regen zurück.
Es war, als hätten wir an deine Haustür geklopft und dich
    nicht angetroffen.
Als hätte jemand gesagt, du seist außer Haus,
auf irgendeiner Versammlung.
Es war, als hätten wir erkannt, dein Grab gibt es nicht,
du bist unterwegs,
eilig auf den nassen Straßen,
bei der Arbeit, und stirbst nie.

Abschied in Kriegszeiten

Du fülltest meinen Leib mit Freude.
Du erfandest mir jeden Tag ein Gedicht.
Du flochtest mir Schmetterlinge ins Haar.
Du prägtest dich in meine Haut
– schmerzende Wunde einer Liebe die geht –
und jetzt denke ich dich mit nassen Augen
und meine Venen fließen über
und mein Blut sucht dich.

Du bleibst bei mir,
Geliebter, Bruder, Kamerad.
Bei mir und wärmst meine Einsamkeit
und die harten Tage des Krieges.
Du steckst in meinen Knochen
wie eine sichere Kugel, die den Weg
in mein Inneres kennt.

Ich trage dich in meinen Kleidern,
in meiner Arbeitshose,
in der blauen Jacke,
im Schlafsack.
Ich trage dich wie ein Amulett,
wie Zauberstein gegen den bösen Blick.
Ich halte dich wie meine ungeweinten Tränen,
jetzt, da nicht Zeit ist
noch Raum
zu weinen.

Zeichen im Sand

Laßt uns einmal die Frauen anhören
ihre Füße tanzen im Sand
hören wir sie an
Ruhe, ihr alle.

Diese mit den schleppenden Sandalen
und dem Blick auf den nassen Zehen
kommt aus der Fabrik,
sie trägt ein Tuch um den Kopf
die Maschinen dröhnen ihr noch in den Ohren.
In der Richtung ihrer Träume
springen Kinder über Tische und Stühle
wartet ein Haufen Wäsche
ungeputztes Gemüse
Töpfe die keine anderen Hände kennen als die ihren.
Diese hier vorn. Ja, diese junge im geblümten Kleid
mit den hohen Absätzen
den langen Fingern und den roten Nägeln,
sie kommt gerade aus dem Büro
müde vom ewigen Telefonieren
dem Kaffeekochen für Tassen aller Größen.

In der Richtung ihrer Träume
wartet ein Mann auf ihr Lächeln
und ein Haufen Wäsche
und ungeputztes Gemüse
und Töpfe die keine anderen Hände kennen als die ihren.
Und diese andere, die große
die im Gegenlicht wirkt wie ein Monument,
ihre Hände sind grob und kennen kein süßes Mandelöl.
Sie sind wie Erde. Krümelig. Tief.

Sie stand den ganzen Tag gebückt in der Sonne
und bepflanzte die Furchen. Das ist ihre Arbeit:
    das Wachsen der Samen zu hüten.
In der Richtung ihrer Träume weinen Kinder.
Kinder mit Gesichtern wie tönerne Krüge.
Sie erscheinen bei Vollmond.
Und erscheinen immer weiter solange der Mann
abends heimkehrt vom Feld mit schmutzigen Hosen und
    Hunger und Augen die sagen Feuer auf den Herd,
Holz in die Küche,
Mais, Fladen, Tortillas.

Eine nach der anderen kommen die nächtlichen Bienen
mit ihrem heimlichen Honig.
Diese Frauen möchten Schmetterlinge sein und
    die Flügel ausbreiten
im sanften Raum am Ende des Tages.

Hören wir weiter.
Jetzt kommt der Mann mit seinem Bündel Arbeit,
er läßt es fallen vor der Tür.
Kein ungeputztes Gemüse wartet auf ihn
keine Töpfe die seine Hände nicht kennen.
Die Kinder schlafen.
Sie ist es, die vor die Tür tritt
und lächelt
die Frau mit dem Haufen Wäsche, dem ungeputzten
Gemüse, dem Herd und dem ewig müden Lächeln.

Hören wir weiter.
Laßt uns die Zukunft malen in den Sand.
Mann und Frau zusammen
eine Welt ohne Teilung
eine blaue Welt mit einem heilen Himmel
in der die Liebe herauskommt aus den Betten und den Parks
und zwischen die Töpfe kriecht,
die Besen, die schmutzige Wäsche,
das ungeputzte Gemüse, die Staublappen und die Kinder.
Laßt uns eine Zukunft malen
in der Mann und Frau miteinander sprechen
und einander begleiten über die Haustür hinaus.
Ein Mann und eine Frau fröhlich auf der Straße am Sonntag
als ob sie zusammen geboren wären.
Laßt uns eine Welt malen in der auch das Kleine groß ist.
Laßt uns ein Haus malen so groß wie eine Fabrik
so groß wie der größte und tapferste Kampf.

Laßt uns die Liebe malen mit Riesenbuchstaben
einen Mann und eine Frau die sich lieben
und ihre Jungen mit der Liebe der Löwen.
Laßt uns einen leuchtenden Stern malen
einen Morgenstern
auf der Stirn der Menschen.
Laßt uns uns selbst malen in unseren Lieblingsfarben
in der Farbe des Friedens
in der Farbe des Morgens
der wogenden Farbe des Zuckerrohrs
der Farbe des Hauses das wir Heim nennen.
Laßt uns uns selbst malen
wie zwei Wirbelstürme die Hand in Hand
die Welt von neuem erfinden.

Zusammenhang

Draußen
kauert die Nacht
und wartet wie ein Tiger
auf den Todessprung durch das Fenster.
In diesem Raum wo ich unter Schmerzen
Worte entspringen lasse aus Luft
erstaunt mich das heimliche Gefühl eines Kusses auf
    meinem Bein.
Niemand ist da nur mein Körper nur
mein Körper und mein Haar, ausgebreitet in Bildern.
Ich bin da und sie sind da
die stummen Frauen
geboren aus meinen Fingern
im Mondhauch entführt von der Nacht.

Frauen aller Zeiten wohnen in mir:
Isadora tanzt mit der Tunika
Virginia Woolf und ihr eigenes Zimmer
Sappho springt von ihrem Felsen
Medea Phädra Jane Eyre
und meinen Freundinnen
verscheuchen die Schwere der Zeit
schreiben sich selbst
schütteln die Schatten ab und gebären Profile endlich bar
    aller Konvention.

Frauen tanzen im Licht meiner Lampe
klettern auf Tische halten flammende Reden
belagern mich mit ihrem Leben
den Zeichen auf den Leibern
dem Kindergebären

der Stille der Küchen mit ihrem Geruch
der angespannten Flüchtigkeit der Schlafzimmer.
Frauen riesige Monumente umringen mich
sagen ihre Gedichte singen tanzen finden ihre Stimme:
Ich durfte nicht Latein lernen.
Ich konnte nicht wie Shakespeare schreiben.
Niemand erbarmte sich meiner Liebe zur Musik.
George Sand: Ich mußte mich als Mann verkleiden,
schrieb versteckt in einem Männernamen
Jane Austen: Sie fügte Wort an Wort zu
    »Stolz und Vorurteil«
in einem Schreibheft im Pfarrsaal
tausendmal unterbrochen von Besuchern.

Frauen finsterer Zeiten ergraut zärtlich
mit glänzenden Augen schweben auf mich herab
vergänglich unsterblich
lachen hinter Wimpern erfreut
über mein eigenes Zimmer
das saubere Häufchen weißen Papiers
die Bücherregale
die dicken Wörterbücher
die Aschenbecher voller Asche
den Rauch der Zigarette.

Ich betrachte den Wäscheschrank
die kleinen zarten Höschen und Hemden
den Einkaufszettel auf meinem Nachttisch
und sehne mich
nach einem Kuß auf meinem Bein.

Ich bereue nichts

Von der Frau aus die ich bin
betrachte ich manchmal die
die ich sein könnte.
Vortreffliche Frauen
ordentlich und nett
tugendhaft und sanft
wie meine Mutter mich wollte.
Ich weiß nicht warum
ich mein ganzes Leben gegen sie revoltierte.
Ich hasse ihre Bedrohung in meinem Körper
die Schuld die ihr tadelloses Leben
durch wer weiß welchen Zauber
mir einflößt.
Ich lehne mich auf gegen ihre guten Taten
ihre heimlichen Tränen nachts unter dem Kissen
wenn der Mann sie nicht sieht
die Reine ihrer Nacktheit unter der gebügelten Wäsche.
Diese Frauen
sehen mich an aus dem Inneren ihrer Spiegel
heben anklagend den Finger
und manchmal gebe ich ihrem Vorwurf nach
und suche die totale Anerkennung
möchte das liebe Mädchen sein, die anständige Frau
die gute Gioconda ohne Fehl und Tadel
mit einer Eins in Betragen
verliehen von der Partei, dem Staat, den Freunden,
meiner Familie, meinen Kindern und allen übrigen
    Lebewesen
die unsere Erde so reich bevölkern.
Um diesen unsichtbaren Widerspruch
zwischen dem was ist und hätte sein können

habe ich viele tödliche Kämpfe gefochten
unnütze Kämpfe zwischen ihnen und mir
– sie gegen mich die ich ich selbst bin –.
Mit schmerzender Seele raufe ich mein Haar
überschreite uralte Programmierung
und zerreiße die inneren Frauen
die seit meiner Kindheit mir die Augen auskratzen
weil ich nicht in das Maß ihrer Träume passe
weil ich es wage fehlbar zu sein, glühend,
empfindlich, eine Irre die wie ein Marktweib
sich begeistert für jede gerechte Sache
für schöne Männer und tanzende Worte
weil ich, erwachsen, die verbotene Kindheit lebte
zur Bürozeit auf Schreibtischen liebte
geheiligte Bande zerriß
und es wagte den gesunden schwellenden Körper
    zu genießen
den mir die Gene aller meiner Vorfahren vermachten.
Ich gebe keinem die Schuld. Eher bin ich dankbar.
Ich bereue nichts, wie Edith Piaf es sagte.
Doch in den dunklen Brunnen in die ich versinke
an den Morgen wenn die Tränen
in die kaum offenen Augen drängen
trotz des Glücks
das ich endlich gewann
indem ich Schichten und Ablagerungen
tertiären und quartären Gesteins durchstieß
sehe ich meine anderen Frauen versammelt im Kreis
ihre schmerzlichen Blicke
und fühle mich schuldig glücklich zu sein.
Die Geister kleiner Mädchen
tanzen im Kreis und singen ihre Ringelreihen
gegen mich
gegen diese Frau

mit allem Drum und Dran
vollständige Frau
mit Brüsten auf der Brust
und breiten Hüften
die ich, dank meiner Mutter und trotz ihr,
nun einmal bin.

Anmerkungen für die Zeit des Alterns

Wenn du die Wahrheit wissen willst:
Ich möchte nie alt werden
und noch viel weniger sterben.
Es fällt mir schwer das Leben zu begreifen ohne Schönheit
mir vorzustellen wie mein Körper
nachgibt dem Newtonschen Gesetz,
zerfällt
sich welk seinem Ende neigt
und ich dies ertrage.
Ich denke an die Worte der weisen, alten Frauen.
Sie sagen, das Leben öffne sich wie eine Allee
wenn endlich die Erfahrung die Mitte erreicht
und die Harmonie des Konzerts der gelebten Dinge
in der Dämmerung erklingt.
Doch ihre Worte überzeugen mich nicht.
Ich klammere mich an die Kurven meines Körpers
an den hellen Glanz meines Fleisches
und erschrecke
über die ersten Zeichen der Zeit auf meinem Gesicht.
Noch kann ich sie verbergen.
Noch sind es keine unheilbaren Risse.
Doch das Schreiten der Tage bedroht mich.
Ich sage mir, ich werde mit einer anderen Schönheit lächeln
ich werde eine Großmutter mit Zöpfen sein
und vielen Märchen und Gedichten und Kuchen.
Doch ich täusche mich nicht:
Ich find's absolut nicht lustig.
Aber nicht ich
noch mein Wunsch
können die unerbittliche Richtung der Uhren verändern
oder mit Tränen der Erde verwehren

gehorsam um ihre Achse zu kreisen.
Ich bin sterblich wie alle.
Ich brauche mich auf mit meinen Erinnerungen
    ich biete dieser Angst die Stirn
und erfinde gefällige Posen
wenn mein Gerüst verrostet und nachgibt
wenn ich mich stützen muß, eine Brille benutzen,
langsam gehen, den Blutdruck überwachen,
    das Herz stärken …
Gewiß ist meine Stunde noch nicht gekommen
doch meine Geburtstage helfen mir nicht gerade
meine jungen Töchter haben schon Frauenkörper
mein Sohn wächst ohne Erbarmen
und ich spüre zum ersten Mal den Drang
ein Gedicht zu schreiben wie dieses.

Der Mensch und das Universum

Wir verlassen den hellen Raum der Freundesgespräche.
Es ist Zeit zu schlafen, Stühle werden gerückt und Gläser.
Die Paare gehn sich ihre Einsamkeit streicheln.

Komm – sagst du – und faßt meine Hand.
Wir laufen hinunter zum Strand, und der Himmel ist das
    ganze Universum
das hellerleuchtete Universum:
die weißlichen Flecken der Milchstraße
das Kreuz des Südens im Wind.
Nie sah ich eine Nacht wie diese
klargezeichnet die Kontinente des Himmels
die Sternbilder schimmernd
die große Unbekannte der Unendlichkeit
in der dünnen Luft dieser tiefen
Nacht.

Du und ich
ein Mann und eine Frau
auf den Felsen
sehen Sterne sich lösen
und Sternschnuppen den Himmel durchtanzen.
Ich denke keinen Wunsch
– das ist mir zu kindisch –
ich betrachte nur still dies Geheimnis
aus nächster Nähe
tauche meine Hand in das Schimmern des Wassers.

Es wird kalt
und plötzlich sehe ich dich hoch auf den Steinen
höre Plätschern auf dem Sand.
Zwischen den Beinen
gleicht der Strahl goldenen Wassers
dem himmlischen Bogen
den die Sterne ziehen auf ihrer Bahn.

In einem Augenblick
rückt die Unendlichkeit zusammen
die fürchteinflößende Herrlichkeit
wird heimisch vertraut.
Ganz ohne Zweifel befinden wir uns hier
sind ein Teil dieser Schönheit.

Völlig zu Recht
pinkelst du im Angesicht des Universums.

Inhalt

VIII Feuerschwerter, Träume und Äpfel

Die vorliegende Anthologie vereint Texte aus den nicaragua-
nischen Originalausgaben ›Sobre la grama‹ (1974), ›Línea de
fuego‹ (1978), ›Truenos y arcoiris‹ (1982), ›De la costilla de
Eva‹ (1987) sowie eine Reihe bis dahin unveröffentlichter
Gedichte.

Der Zyklus ›Quetzalcóatls Traum‹ wurde von Erna Pfeiffer
ins Deutsche übertragen, Dieter Masuhr besorgte die Über-
setzung der Abschnitte ›II. Wenigstens Blumen, wenigstens
Lieder‹, ›III. Ich bin‹, ›IV. Die Orchidee aus Stahl‹ und
›V. Eva verweist auf die Äpfel‹.

Die Übersetzung der Abschnitte ›VI. Von der Flucht‹,
›VII. Von der Wiedergeburt‹ und ›VIII. Feuerschwerter,
Träume und Äpfel‹ stammt von Anneliese Schwarzer, mit
Ausnahme der Gedichte ›Dauer‹, ›Lebte ich nicht‹, ›Ein-
fache Wünsche‹, ›Rückgabe‹, ›Dauer des Unterschlupfs‹,
›Alle zusammen‹, ›Die Träger der träume‹ und ›Es geschah
bei einem Sonntagsausflug an den Strand‹, die von Dagmar
Ploetz ins Deutsche übertragen wurden.

Gioconda Belli im dtv

»Die große Poetin Nicaraguas, eine der wichtigsten
Stimmen in der Literatur Lateinamerikas.«
Abendzeitung

Bewohnte Frau
Roman · dtv 11345

Die junge attraktive Architektin Lavinia steht am Beginn
ihrer Karriere. Sie führt in der Hauptstadt ihrer lateiname-
rikanischen Heimat das unbeschwerte Leben einer unab-
hängigen Frau aus der Oberschicht. Dann aber verliebt sie
sich in Felipe, der mit der Untergrundbewegung des Landes
zusammenarbeitet…

In der Farbe des Morgens
Gedichte · dtv 11565

Gedichte – kämpferische, erotische, poetische –
von Gioconda Belli, der großen Schriftstellerin Nicaraguas.

Tochter des Vulkans
Roman · dtv 11678

Der reiche Kaffeepflanzer Ramón nimmt das Zigeuner-
mädchen Sofia an Kindes Statt an. Sofia heiratet früh, aber
ihre Ehe mit dem machistischen René ist ein Desaster…

Zauber gegen die Kälte
Erotische Gedichte · dtv 12577

Waslala
Roman · dtv 12661

Die junge Melisandra lebt auf der Hacienda ihres Groß-
vaters. An den Ufern des Flusses vergeht die Zeit langsam –
bis die Schmuggler aus dem Norden kommen, wie jedes
Jahr. Mit dem amerikanischen Journalisten Raphael begibt
Melisandra sich auf eine von Leidenschaft und Abenteuern
gezeichnete Reise ins Innere des Landes. Mit ihm will sie
endlich Waslala finden, den Ort der ewigen Träume…

Gudrun Pausewang im dtv

»Gudrun Pausewang plädiert in ihren Werken für die
Verständigung zwischen den Völkern und Rassen,
für Toleranz, gegen Haß, Gewalt und Krieg.«
Günter Höhne in der ›Neuen Zeit‹

Kinderbesuch
Roman
dtv 10676
Ein deutsches Ehepaar be-
sucht seine in Südamerika
lebende Tochter. Verständ-
nislos sehen sie sich größ-
tem Reichtum und bitter-
ster Armut gegenüber.

Plaza Fortuna
Roman
dtv 11690
Menschen am Rande der
Gesellschaft in einer süd-
amerikanischen Großstadt.

Bolivianische Hochzeit
Roman
dtv 11798
Bei den Indios im kargen
bolivianischen Hochland
ist Allerseelen ein Fest, das
sie singend und tanzend
auf dem Friedhof verbrin-
gen. Diesmal findet auch
eine Hochzeit statt…

Rotwengel-Saga
dtv 12140
Eine Familiengeschichte in
Ostböhmen.

Der Glückbringer
Roman · dtv 12299
Ein Roman über mensch-
liche Schwächen und so-
ziale Mißstände in Latein-
amerika. »Ein Panoptikum
der kuriosesten Figuren,
ein wundervoll komisches
Chaos des Lebens voller
Trauer, Witz und Hoff-
nung.« (Volker Albers im
›Hamburger Abendblatt‹)

Rosinkawiese
Alternatives Leben in den
zwanziger Jahren
dtv 11489

**Fern von der
Rosinkawiese**
Die Geschichte einer
Flucht
dtv 11636

Geliebte Rosinkawiese
Die Geschichte einer
Freundschaft über die
Grenzen · dtv 11718
Fast zwanzig Jahre nach
der Flucht sieht Gudrun
Pausewang den Ort ihrer
Kindheit in Ostböhmen
wieder.

Javier Marías im dtv

»...ich glaube, das ist einer der größten im Augenblick
lebenden Schriftsteller der Welt.«
Marcel Reich-Ranicki

Mein Herz so weiß
Roman · dtv 12507

Eine junge Frau erhebt sich vom Tisch, geht ins Bad, knöpft
sich die Bluse auf und erschießt sich. Vierzig Jahre später
beschäftigt sich ihr Neffe mit der Tragödie. Er ist Dol-
metscher und leidet an einer »déformation professionelle«,
die ihn dazu zwingt, jedes Detail zu registrieren und zu
interpretieren: die scheinbar unbedeutenden Dinge seines
eigenen Ehelebens, aber auch jene Details, die ihm nach und
nach mehr über die Ereignisse vor seiner Geburt verraten,
als ihm lieb ist...

Alle Seelen
Roman · dtv 12575

Ein junger Spanier kommt als Gastdozent nach Oxford,
einer Stadt wie »konserviert in Sirup«. Er beginnt eine
Affäre mit der verheirateten Dozentin Clare, in deren
Blicken er bei einem grausig-grotesken Dinner seine eigene
Kindheit wiederfindet. – Immer enger verknüpft Marías
die Erzählfäden, immer rascher treibt er seine suggestive
Sprache einem dramatischen Finale zu, in dem Clare in der
letzten gemeinsamen Nacht ihr Geheimnis enthüllt...

Morgen in der Schlacht denk an mich
Roman · dtv 12637

Sie ist noch nicht 33, hat sowohl Mann als auch zweijähri-
gen Sohn sowie ein außereheliches Verhältnis. Als Marta
Téllez' Mann Eduardo Deán für ein paar Tage in London
ist, lädt Marta Víctor Francés, den Ich-Erzähler, in ihre
Wohnung ein. Noch bevor sie beide vollständig entkleidet
sind, stirbt Marta unvermittelt in Víctors Armen...